Off Road *Hybrid*

Der persönliche Reiseführer.

Band 3: 4x4-Wochenendtouren in den Nordalpen.

Autoabenteuer – kuriose Passstraßen – Gletscher

Mit GPS-Koordinaten,

hilfreichen Internetlinks und

wertvollen Insidertipps.

Andreas P. Kaiser

3. Auflage 2021

Andreas P. Kaiser

Ich distanziere mich generell von den Inhalten der in diesem Buch verlinkten Internet-Seiten.

Alle Angaben dieses Buches wurden von mir nach bestem Wissen recherchiert und mit größtmöglicher Sorgfalt überprüft. Für die Richtigkeit der Angaben kann jedoch – soweit gesetzlich zulässig – keine Haftung übernommen werden. Ich bitte um Verständnis dafür und freue mich über jede Anregung und Berichtigung zu **Off Road *Hybrid***.

Das Nachfahren unserer Tourenbeschreibungen erfolgt auf eigenes Risiko. Der Autor/Herausgeber übernimmt keinerlei Haftung für Sach- oder Personenschäden sowie Bußgelder jeglicher Art.

Die Auswahl der Übernachtungsplätze ("Wildes Campieren") erfolgt auf eigenes Risiko in eigener Verantwortung.

Besuchen Sie uns im Internet!

Homepage des Autors:

http://www.kaiser-geotrekking.de

Homepages der Publisher:

https://kdp.amazon.com/self-publishing/signin

Titelbild: Oberhalb der Zirogalm am Brenner.

Bildnachweis: Alle Fotos Archiv Andreas P. und Michaela Kaiser.

Der **Blog** zur **Buchreihe**!

unterhaltsam - informativ - stets aktuell

https://toujoursentour.blogspot.com

Für Evelyn, Stefan und Juliane.

Danke für die Freundschaft.

Inhaltsverzeichnis

Vorbemerkungen

"Lass uns einfach weg fahren!" Oft hört man diesen Satz in unserem Haushalt, wenn es darum geht, das Wochenende zu planen. "Le Camion", unser zum Expeditionsmobil ausgebauter Nissan Navara 2.5dci King Cab SE 4x4 DPF - so sein offizieller Name - steht allzeit startbereit in der Tiefgarage. Für einen Kurztrip über 1-3 Tage müssen wir nichts außer uns selbst mitnehmen. Alles Notwendige wie Schlafsäcke, Ersatzklamotten und ein Grundstock an Lebensmitteln sind in Le Camion. Also nach dem Dienst noch schnell duschen und ab auf die Straße. Aber wohin? Wir leben und arbeiten im schönen Garmisch-Partenkirchen, einem Ort, in dem andere Urlaub machen. Garmisch-Partenkirchen ist deshalb auch der Ausgangspunkt der im vorliegenden Buch geschilderten Touren, die wie mit einem Zirkel südost-, süd- und südwestlich um den Olympiaort gezeichnet sind, dessen Radius sich an den beiden Vorgaben "Wir haben nur das Wochenende Zeit!" und "Lass uns in den Alpen 4x4en!" orientiert. So entstand über die Jahre eine Sammlung interessanter Ein- bis Zweitagestouren, von denen ich eine Auswahl in diesem Buch vorstellen möchte. Auf die einzigartige Natur der Ostalpen setzt der Fahrspaß, diese mit der modernen Technik und dem Komfort unseres Geländewagens zu bereisen, einen souveränen Kontrapunkt. Technik trifft auf Natur. Für uns ein reizvolles Urlaubsvergnügen, bereits seit über 20 Jahren.

Du kennst noch kein Buch unserer **Off Road *Hybrid***-Reihe? Dann möchte ich Dir kurz erklären, womit Du rechnen kannst. [Leser meiner anderen Bücher der Reihe bitte ich die Textparallelitäten im folgenden Kapitelabschnitt zu entschuldigen.] Aber lass' mich uns erst einmal vorstellen.

Wir, das sind Ehepaar Andreas P. und Michaela Kaiser aus Garmisch-Partenkirchen. Ich, Andy, Jahrgang 1969, bin seit 1988 auf zwei angetriebenen Achsen auf inzwischen vier Kontinenten unterwegs. Von Lappland im Norden bis in die Sahara im Süden. Von Chile im Westen bis Zentralanatolien im Osten. Viele meiner Reisen waren Off Road-Abenteuer. In manchen Jahren lebte ich zusammengerechnet bis zu drei Monaten in meinen zu Expeditionsmobilen umgebauten 4x4. Mein Beruf, Lehrer, bot die dazu nötige zeitliche Flexibilität. Meine Off Road-Karriere begann 1988 mit meinem ersten eigenen Auto. Einem Mitsubishi Pajero, langer Radstand. Damals genügte mir das Umlegen der Rücksitze als "Campingausbau". Ein kurzes Curriculum vitae-Intermezzo bescherte mir einen Toyota RJ 70. In Erinnerung blieben sein schwacher aber durstiger Benzinmotor und massive Rostprobleme. So löste schnell ein weiterer Pajero, ebenfalls die Version mit langem Radstand, den japanischen Kollegen ab. Bei diesem zweiten Pajero, den ich von 1993 bis 1997 fuhr, entstand auch der Wunsch nach einem Innenausbau. Dieser entsprang aus dem misslichen Umstand, dass man auf den umgelegten Rücksitzen des Pajeros zwar wunderbar bequem schlafen konnte, davor jedoch die Gesamtheit der Reiseausrüstung auf Fahrer- und Beifahrersitz umräumen musste. Ein nerviges

Umpacken jeden Abend und Morgen. So entstand mein erster Ausbau, dessen Grundidee sich bis heute bewährte und sich in allen Folgeversionen in verbesserten Versionen fortsetzte.

Eine Liegefläche, deren Unterbau als Stauraum genutzt werden kann.

An der Karosserie des Fahrzeugs sollten dafür keine Umbaumaßnahmen notwendig sein und "möglichst preiswert" war ein Muss zu Studenten-/Lehramtsanwärterzeiten. So flogen bei Pajero Nummer 2 eines Tages die Rücksitzbank und die beiden Zusatzsitze im Kofferraum heraus. Nach einem Besuch beim Baumarkt, dem Einsatz von Stichsäge, Akkuschrauber, ein paar Bier und einem freien Wochenende blickte ich stolz auf meinen ersten Expeditionsausbau. Den verwunderten Kommentar meines damaligen Schulrektors werde ich niemals vergessen: "Was haben Sie denn für einen Bretterverschlag im Auto?" So einfach der Einbau ausgeführt war, so effektiv erfüllte er seinen Zweck. Eine solide Liegefläche, darunter, teilweise über Klappen von oben, teilweise seitlich über die geöffneten Türen zugänglich, die Stauräume. Damit gerüstet nahm ich die ersten großen Namen der legendären Off Road-Alpenpässe unter die Gummis. Der Passo di Tremalzo am Gardasee war einer davon. Mit der festen Beamtenstellung als finanzielle Sicherheit erwuchs schnell der Wunsch nach meinem damaligen Traumauto, dem High-End der 4x4-Palette. Ein Land Rover Defender musste her. Am 17. Januar 1997 nahm ich den nagelneuen Offroader stolz in Empfang. Der

110er in Hardtopausführung erhielt in seinen ersten Lebenswochen einen Expeditionsausbau in Anlehnung an den im Mitsubishi. Nur waren jetzt sämtliche Stauräume von oben über Klappen zugänglich. Ein Dachgepäckträger mit großer Alubox für Campingmöbel und Wasservorrat und zwei von außen zugängliche, in den Radkästen untergebrachte Stauräume, ergänzten den Ausbau. Er sollte 16 Jahre lang für jeweils einige Monate im Jahr mein Zuhause werden und bewährte sich in den Dünen des Großen Östlichen Ergs genauso wie auf den Schotterpisten der Westalpen. 2001 stieß meine Frau zum Team Andy-Landy und bereicherte den Expeditionsausbau, an dem ich immer wieder Verbesserungen vornahm, mit Hilfe weiblicher Intuition v. a. im Bereich des Küchenblocks. Aus beruflichen Gründen und auch aus geänderten Prioritäten heraus entschied ich mich im Jahr 2012 den geliebten Landy zu verkaufen. Schweren Herzens. Da ich seinerzeit nur noch wenig als Lehrer unterrichtend tätig war, stattdessen in Sachen Schulberatung/Schulqualitätsentwicklung wöchentlich viele Kilometer (auch viele Autobahnkilometer) abspulen musste, war der Landy mit seiner Höchstgeschwindigkeit von 120-130 km/h (je nach Rückenwind) und einer Geräuschkulisse, die ab 80 km/h kein Gespräch oder Musikhören mehr zuließ, nicht mehr zeitgemäß. Der Neue wurde ein Nissan Navara 2.5dci King Cab SE 4x4 DPF. Sein Komfort und seine sprintfreudigen 190 PS machten den Abschied vom lieben Landy leichter. Ich stattete den langen Japaner mit einem Hardtop der Firma Belding aus, dem einzigen mir bekannten Hardtophersteller, der ein über das Dach der Fahrerkabine hinausragendes Hardtopmodell

(Produktlinie "Highline") anbietet. Dieses Mehr an Zentimetern in der Höhe war für die Umsetzung meines Ausbauvorhabens unverzichtbar. Unverzüglich begann ich mit meinem Schwiegervater (Schreinermeister, wie praktisch!) den Innenausbau. Dieser sollte all' das bisher Dagewesene toppen. Alles Weitere zum Ausbau meines Nissans im Kapitel "Vor Reiseantritt".

Ein "Expeditionsausbau" ist für die in diesem Buch geschilderten Touren allerdings nicht unbedingt notwendig. Selbstverständlich kann man mit einem serienmäßigen 4x4 an den Start gehen. Fast alle Touren sind auch als Eintagestouren zu fahren, die keine Übernachtung notwendig machen. Außerdem, und das ist mit ein Hauptanliegen dieses Werkes, möchte ich denjenigen, der am Anfang seiner Off Road-"Karriere" steht und vielleicht sogar noch niemals im Gelände oder auf den Schotterpisten der Alpen unterwegs war ermutigen, sich mit den vorgestellten "kleinen Happen" an die Sache heranzutasten und herauszufinden, ob sie etwas für ihn (oder sie) ist. Dafür sind unsere Touren ideal.

Der erste Band der **Off Road *Hybrid***-Reihe "Alpenüberquerung nach Südfrankreich." entstand im Sommer 2013. Sein ausgezeichneter Verkaufserfolg und das durchwegs positive Feedback meiner Leser ließen mich in diesem Jahr Band 2 "Italienische 4x4-Alpenrunde." und den vorliegenden Band 3 "4x4-Wochenendtouren in den Nordalpen." nachlegen. Das Buch steht in der Tradition meiner *Hybrid*-Bücher und stellt eine Mischung aus einem klassischen Reiseführer und einer persönlichen Reiseerzählung dar.

Off Road *Hybrid* dient allem voran zwei Zwecken. Zum Ersten der Unterhaltung meiner Leser. Sie war die eigentliche Motivation für mich, dieses Werk zu schreiben. **Off Road *Hybrid*** bietet zum Zweiten interessante und amüsante Einblicke in eine Reisevariante, wie sie in keinem Hochglanzprospekt eines Tourismusveranstalters angepriesen wird. Die geschilderte Autotouren fanden im Frühling und Sommer 2015 statt.

Was in **Off Road *Hybrid*** berichtet wird ist tatsächlich so geschehen. Der Leser sieht das Land durch unsere Augen und reist an unserer Seite. Auf diese Weise ist das Buch ein in höchstem Maße authentischer Reiseführer. **Off Road *Hybrid*** präsentiert Insidertipps und ist auch so ehrlich, das Reisevergnügen beschneidende Missstände offen anzusprechen. **Off Road *Hybrid*** verzichtet ganz bewusst auf die sowieso nicht erreichbare thematische Vollständigkeit. Die Inhalte sind durch den subjektiven Filter unserer Reiseerfahrungen vorverlesen. Sie decken trotzdem zuverlässig die touristischen Highlights und Must-Dos auf der jeweiligen Reiseroute vollständig ab. Neben unseren Erfahrungen auf den geschilderten Touren greife ich auch auf den Erfahrungsschatz zahlreicher Alpenländer- und Off Road-Reisen mit meinen verschiedenen Geländewagen zurück.

Die Weitergabe subjektiver Reiseerfahrungen ist mir ein Bedürfnis. Sei es zur Einstimmung meiner Leser auf einen bevorstehenden Off Road-Urlaub auf der einen oder zur Nachbereitung des bereits Erlebten auf der anderen Seite. So eignet sich **Off Road *Hybrid*** z. B.

ausgezeichnet als Aufwärm-Lektüre vor Reiseantritt. Nicht weniger geeignet ist es für die Lektüre daheim am offenen Kamin oder sonst einem gemütlichen Ort, um eigene Reiseerlebnisse Revue passieren zu lassen und mit den unsrigen zu vergleichen.

Off Road *Hybrid* ist ein hochmodernes Reiseführerkonzept. Es verzichtet auf Dinge wie die Auflistung von Öffnungszeiten und Eintrittspreisen. Stattdessen bietet das Buch dem Leser eine große Anzahl wertvoller Internetlinks. Damit orientiert sich **Off Road *Hybrid*** an seiner Zielgruppe, dem Internet-aufgeschlossene eBook-Leser. Nur im Internet finden sich die topaktuellen News und Daten, sowie umfangreiche Hintergrundinformationen, die den Rahmen eines jeden klassischen Reiseführers sprengen würden. **Off Road *Hybrid*** ist damit wohl zu jeder Zeit der aktuellste, deutschsprachige Reiseführer für die beschriebenen Touren. Im Zeitalter GPS-gestützter, navigationsfähiger Smartphones greife ich statt auf umständliche Wegbeschreibungen auf GPS-Koordinaten zurück. Punktgenauer kann eine Ortsangabe nicht sein.

Unsere Touren können in ihrer Gesamtheit oder in Teilstücken nachgereist werden, z. B. bei der Anreise zu einem anderen Urlaubsziel in Österreich, Italien oder der Schweiz. Für die einzelnen Touren empfehle ich ein Zeitfenster von 1-2 Tagen, also ideal für Wochenendausflüge.

Ja, es ist sehr empfehlenswert zum Nachreisen über ein geländegängiges Fahrzeug zu verfügen. Auch wenn

Teile der Touren mit tiefliegenden Limousinen zu fahren sind, viele Abschnitte sind nur etwas für Geländewagen oder SUVs mit ausreichender Bodenfreiheit. Vierradantrieb und eine Geländeuntersetzung sind empfehlenswert aber nicht unbedingt notwendig (Siehe Kapitel "4x4-Technik."!).

Die Tourenbeschreibungen sind so angelegt, dass sie auch ohne GPS-Technik nachgefahren werden können. Jedoch vereinfachen insgesamt 90 GPS-Koordinaten die Navigation. Die sieben Einzeltouren sind durchnummeriert, entsprechend sind die GPS-Wegpunkte benannt. Der Punkt GPS 03_02 N 47° 15.216' E 11° 23.948' ist folglich der zweite Wegpunkt in Tour drei.

Wer bequem die GPS-Daten bestehend aus den 90 Wegpunkten und 7 detaillierten Routen für eigene, bitte nur private Zwecke, nutzen möchte, den bitte ich mir 5 € mit Angabe "GPS Band 3" und einer eMail-Adresse auf folgendes Konto zu überweisen:

Kontoinhaber: Andreas P. Kaiser

Sparda Bank München eG

BLZ 700 905 00

Konto Nr. 1569414

IBAN DE75700905000001569414

BIC GENODEF1S04

Alternativ Kannst Du mir die 5 € und die entsprechenden Angaben auch auf mein PayPal-Konto an meine eMail-Adresse Andreas-Paul.Kaiser@gmx.de senden.

Ich maile Dir dann umgehend die Daten in gpx-Format zu. Andere Formate sowie eine Rechnung bitte auf separate Anfrage.

So blicke ich, inzwischen auch meine Frau, über eine lange Off Road-Zeit zurück. Auch wenn wir mit zunehmendem Alter und gestiegenen Ansprüchen an Luxus und Komfort immer häufiger Hotelurlaube machen, die eine oder andere Off Road-Autoreise muss immer noch sein.

Der Wunsch nach Off Road-Fahrgelegenheiten im hochzivilisierten und durch Gesetze und Vorschriften reglementierten Mitteleuropa ist schwer zu erfüllen. Doch es gibt sie noch, einige wenige verbliebene Nischen. Im deutschen, österreichischen und norditalienischen Alpenanteil sind die allermeisten Schotterstraßen für den öffentlichen Verkehr gesperrt. Auch in Südtirol wurden die bis Ende der 90-er Jahre legal befahrbaren Militärsträßchen zu Befestigungsanlagen aus dem Ersten Weltkrieg immer mehr mit bösen Durchfahrtverboten-Schildern versehen. Eventuelle Verbote hält der verantwortungsbewusste Offroader selbstverständlich ein. Wir schildern in **Off Road *Hybrid*** zuverlässig ausschließlich legal befahrbare Strecken (Stand 2015).

In diesem Zusammenhang ist es uns ein Anliegen und gleichzeitig eine Bitte an all diejenigen, die unsere Touren nachahmen wollen, generell Zurückhaltung bei der Befahrung der letzten legalen Off Road-Strecken walten zu lassen. Zurückhaltung in Sachen Fahrstil, Zurückhaltung im Aspekt des Naturschutzes. Man "wandert" mit dem Auto und fährt keine Rallye. Rastplätze und Camps verlässt man so, wie man sie vorgefunden hat oder sauberer. Besondere Zurückhaltung ist beim "Wilden Campieren" geboten. Das optimale Camp ist das, das niemand sieht, von dessen Existenz niemand etwas mitbekommt. Niemand muss sich wundern, dass die Behörden einschreiten, wenn Off Road-Wildschweine, wie vor ein paar Jahren am norditalienischen Tagliamento geschehen, mit Motorsägen ihre Camps zurechtzimmern. Niemand muss sich über Fahrverbote wundern, wenn Off Road-Clubs mit dutzenden von Fahrzeugen durch die Bergeinsamkeit brettern. Nur Zurückhaltung und Fingerspitzengefühl lassen auf die auch zukünftige legale Befahrung der geschilderten Tracks hoffen.

Ich wünsche ein spannendes Leseabenteuer und lade Dich jetzt ein, Dich mit uns auf 4x4-Wochenendtouren in die Nordalpen zu begeben!

Andreas P. Kaiser, im September 2015.

Vor Reiseantritt.

[Anmerkung des Autors: Ich bitte Inhaltsähnlichkeiten im folgenden Kapitel mit anderen Büchern meiner **Off Road *Hybrid***-Reihe zu entschuldigen.]

Dieser Reiseführer ist für den Autoenthusiasten geschrieben. Für die Sorte Mensch, durch dessen Adern Benzin oder Diesel fließen. Für die Freunde des motorisierten Vorankommens, deren Urlaub im Fahren besteht, nicht im Sonnen am Strand oder am Besichtigen kunsthistorischer Stätten. Jedoch muss das Eine das Andere nicht ausschließen. Auf diesen Seiten wird vor allem der Autotourist und passionierte Autofahrer sein El Dorado finden.

Für welche Art von Kraftfahrzeug eignet sich dieser Führer? Nun, in erster Linie schreibe ich das Buch für den Fahrer eines Geländewagens. Auf das Thema Geländewagen gehe ich im Kapitel 4x4-Technik genauer ein. Jedoch ist selbstredend, dass auch motorisierte Zweiradfahrer die Touren nachreisen können, möglicherweise auch ambitionierte Mountainbiker. Die fahrzeugabhängige Planung und Durchführung lege ich in diesen beiden Fällen in die Hände der Zweiradtouristen. In diesem Genre verfüge ich leider nicht über die notwendige Kompetenz und Erfahrung.

Vor Reisebeginn stellt sich auch die Frage nach der Art der täglichen Einquartierung und Nächtigung. Der Hotelmensch sollte von zuhause aus buchen, andere

Leute, so wie wir, nächtigen gerne "on the road", besser gesagt "off the road". Für den einen mag ein Zelt die richtige Lösung sein, wir schwören seit vielen Jahren auf einfache aber effektive Expeditionsausbauten in unseren Fahrzeugen (Siehe Vorgeschichte!). Im Prinzip schaffe ich mit meinen Ausbauten eine für zwei erwachsene Personen ausreichend große Liegefläche, darunter Stauraum für die notwendige Ausrüstung. Je nach persönlichen Vorlieben und Bedürfnissen kann so ein Campingausbau aus einer in das Fahrzeug hineingeworfenen Matratze bestehen, oder wie in unserem Fall, aus einem ausgeklügelten, fest eingebauten Stauraumkonzept. Es würde den Rahmen dieses Buches sprengen, verschiedene Einbauvarianten zu diskutieren. Wichtiger als der Einbau ist sorgfältiges Nachdenken und Abwägen, was man eigentlich braucht. Dabei folge ich dem Grundsatz: Es ist ein großer Unterschied zwischen "ich will" und "ich brauche"! Weniger ist immer mehr. Wer Beratung in Sachen Fahrzeugausbau wünscht, der kann gerne mit uns über die Kontaktdaten auf unserer Homepage in Austausch treten.

Unabhängig von der Campingfrage benötigt das Auto eine gewisse Vorbereitung. Ein gut gewartetes, auch älteres Fahrzeug, bedarf keiner speziellen Vorbereitung. Ein besonderes Augenmerk würde ich dem Kühlsystem (Kühlwasserstand und Ölstand) widmen. Das Fahrzeug ist bei Passfahrten hohen thermischen Belastungen ausgesetzt. Die Reifen sollten - wie immer - in perfektem Zustand sein. Das betrifft nicht nur den Zustand des Profils sondern auch den Reifendruck. Dabei nicht vergessen, dass das Fahrzeug auf Reisen schwerer beladen ist als im Alltagsbetrieb und möglicherweise höhere Reifendrücke zumindest an der Hinterachse notwendig werden. Das war's auch schon mit der Vorbereitung des fahrbaren Untersatzes. Schließlich planen wir Alpentouren, keine Saharaexpedition. Wer auf Nummer sicher gehen will bucht einen Schutzbrief, z. B. beim ADAC oder einer KFZ-Versicherung, um sich im Schadensfall umfangreiche Leistungen von Ersatzteillieferung über Leihwagen und von Hotelübernachtungen bis hin zum Fahrzeugrücktransport zu sichern. Informieren lohnt, einige KFZ-Versicherungen haben einen Auslandsschutzbrief automatisch im Versicherungsumfang eingeschlossen!

Die hauptsächliche und zeitraubendste Planungsarbeit vor Reiseantritt ist für mich immer die Routenplanung. Zeitraubend ja, allerdings auch ein großer Teil des Urlaubs, denn die Vorbereitung mit der einhergehenden Vorfreude ist für mich mindestens genauso entspannend wie die Reise selbst. Ich gehe immer in drei Schritten vor. Schritt 1: Festlegung des Reiseziels. Schritt 2: Festlegung der Etappenziele. Schritt 3: Festlegung der Route. Schritt 1, Festlegung des Zieles, entsteht aus persönlichen Vorlieben und Schwerpunkten. Schritt 2, die Festlegung der Etappenziele, geht auf intensive Internetrecherche und die Lektüre von Reiseführern zurück. Letztendlich verschaffe ich mir einen Überblick über die Sehenswürdigkeiten, filtere sie nach unseren subjektiven Vorlieben und reihe die Ziele dann in Schritt 3, Festlegung der Route, wie Perlen auf eine Schnur. Von scheinbar schwer aufzufindenden Zielen versuche ich GPS-Daten zu eruieren, im Bedarfsfall erstelle ich mit geeigneter Software Routen. Manchmal kann man sich auch im Internet veröffentlichter GPS-Tracks bedienen. Die Reiseplanung destilliert sich letztendlich in eine .gpx-Datei auf dem GPS-Gerät. Im Prinzip kann man "auf Knopfdruck" losfahren. GPS an und ab! Der Laptop ist ein weiterer Reisegefährte, auf dem alle Routendaten gesichert sind, evt. werden "Nachrüstungen" unterwegs auf dem GPS notwendig. Zusätzlich haben wir immer einen Satz der guten, altmodischen Papierkarten dabei. Denn so toll das GPS mit seinen elektronischen Karten ist, es mangelt ihm am Übersichtscharakter, den nur die Papierkarten mit ihren quadratmetergroßen Bögen bieten.

Trotz aller Vorbereitung lassen wir uns auf der Reise nicht von unserer Planung gängeln. Wir nehmen uns die Freiheit, jederzeit Änderungen vorzunehmen, zu streichen oder hinzuzufügen. Jedoch ist die Routenplanung eine intensive Auseinandersetzung mit dem Reiseziel, die ein gleichsam intensiveres Reiseerlebnis möglich macht. Wie sagt ein türkisches Sprichwort: Der unwissende Reisende ist wie ein Blinder.

INSIDERTIPP: Routingfähige, digitale Karten für GPS und PC-Anwendungen.

Bau' Dir Deine eigene, routingfähige, hochgenaue Karte fürs GPS und/oder weitere PC-gestützte Anwendungen. Unter dem aufgeführten Link erhältst Du Kartenmaterial selbst vom hintersten Winkel der Welt! Ein sensationeller, kostenfreier Service! http://garmin.openstreetmap.nl . Hinweis: Diese Seite ist für den Browser Google Chrome optimiert und läuft auf dem Internet Explorer von Microsoft nur mangelhaft.

Wer kein GPS besitzt und trotzdem per Satellit navigieren möchte, dem empfehle ich die Gratisapp OSMAND. Sie arbeitet mit OSM-Karten. Auch offline! Ich bin von der Software dermaßen begeistert, dass ich ihr ein eigenes Buch widmete, das im pietsch-Verlag veröffentlicht wurde: "Navigation mit Smartphone & Co."

https://www.amazon.de/Navigation-mit-Smartphone-Co-Outdoor-Touren/dp/3613508761/ref=sr_1_fkmrnull_1?__mk_de_DE=%C3%85M%C3%85%C5%BD%C3%95%C3%91&keywords=navigation+mit+smartphone+%26+co&qid=1556808798&s=books&sr=1-1-fkmrnull

Diese App kann nahezu alles, was ein ausgewachsenes GPS-Gerät auch kann. Große Empfehlung!

INSIDERTIPP: Ruhepausen einlegen!

Im Prinzip kannst Du alle der vorgestellten Touren an einem Tag bewältigen. Theoretisch ist das möglich, ob es sinnvoll ist, ist eine andere Frage. Wir sind die Touren fast alle als mindestens Zweitagesunternehmungen angegangen, was entschleunigend wirkte und einfach gut tat. Unser Fahrzeugkonzept mit der allzeit verfügbaren

Übernachtungsmöglichkeit war dabei natürlich von Vorteil.

Eigentlich sollte es sich von selbst verstehen, trotzdem kann man nicht oft genug darauf hinweisen: weniger ist mehr. Das gilt in vielen Lebensbereichen, so auch im Urlaub. Das Passfahren ist trotz allen Fahrspaßes sehr anstrengend. Umso wichtiger ist es Ruhepausen einzulegen. Diese dienen nicht nur der Entspannung, sondern lassen das Erlebte im Geiste ordnen, leeren die Aufnahmespeicher für neue Erfahrungen und tun einfach gut. Sehr empfehlenswert ist, wenn auch leider nicht immer möglich, sein Nachtlager bereits am (mehr oder weniger späten) Nachmittag aufzuschlagen. Ein solcher früher Feierabend wirkt ebenfalls sehr entspannend. Ansonsten tut man gut daran, einfach einen kompletten Ruhetag einzulegen.

4x4-Technik.

[Anmerkung des Autors: Ich bitte Inhaltsähnlichkeiten im folgenden Kapitel mit anderen Büchern meiner **Off Road *Hybrid*-Reihe** zu entschuldigen.]

Welcher Geländewagen ist der Beste, um unsere Touren nachzureisen, mag sich wohl der eine oder andere Leser fragen. Die Antwort ist so vielfältig wie die Produktpalette der Geländewagenhersteller und die individuellen Ansprüche, Voraussetzungen und Vorlieben der verschiedenen Menschen. Es wird bei einem Versuch bleiben müssen, eine gewisse Eingrenzung dieser Fragestellung vorzunehmen.

Grundsätzlich gilt: Nicht überall wo 4x4 draufsteht ist auch ein Geländewagen drin. Der Vierradantrieb ist nur einer von mehreren Aspekten, die Geländegängigkeit ausmachen. Stell' Dir einen Audi Quattro in den Dünen der Sahara vor? Die Antriebstechnik würde stimmen, jedoch fehlt es an Bodenfreiheit, besonders im Bereich der Überhänge vor der Vorderachse und hinter der Hinterachse. Der beste Vierradantrieb nützt nichts, wenn sich die Nase oder das Heck wie ein Anker in den Boden bohren. Bleiben wir doch zunächst beim Thema Antriebstechnik und Vierradantrieb. Geschätzte 95% der Strecken sind wir lediglich auf der Hinterachse, also als 2x4 gefahren. Vierradantrieb bringt die zusätzlich notwendige Traktion im schlüpfrigen Gelände. Da wir uns im Rahmen dieser Reisen vorwiegend auf Teerstraßen oder mehr oder weniger guten

Schotterpisten aufhalten werden, ist die Traktion nur einer angetriebenen Achse in der Regel ausreichend. Anders kann dies jedoch aussehen, wenn die Pisten nass und möglicherweise schlammig und schmierig werden. Ein (zuschaltbarer) Allradantrieb ist also auf jeden Fall von Nutzen, wenn auch bei trockenen Verhältnissen nicht unbedingt notwendig. Da die meisten auf dem Markt angebotenen Geländewagen über Vierradtechnik verfügen möchte ich das Thema auch nicht weiter vertiefen, nur so viel sei gesagt, die meisten Geländewagenmodelle werden über die Hinterachse angetrieben, die Vorderachse ist im Bedarfsfall zuschaltbar. Dieses Konzept spart Sprit und senkt den Verschleiß. Nur wenige Fahrzeuge verfügen über einen permanenten Vierradantrieb.

Beleuchten wir einen anderen Aspekt des Antriebskonzepts. Ein Factum, das einen wirklichen Geländewagen ausmacht, ist das Vorhandensein einer Untersetzung. Deren Aufbau und Wirkungsweise lässt sich am besten mit dem Zahnradgetriebe eines Sportfahrrades vergleichen. Während die "normale" Auto-Gangschaltung mit ihren 5-6 Vorwärtsgängen dem Zahnradbündel am Hinterrad eines Bikes entspricht, lässt sich die Untersetzung mit den zwei (oder drei) Zahnkränzen bei den Pedalen vergleichen. Untersetzung bedeutet folglich, dass dem Getriebe eine Reduzierung vorgeschaltet wird, die aus dem Auto einen Klettermaxe macht. Faustregel: Der 3. oder 4. Gang im Untersetzungsbetrieb entspricht etwa dem 1. Gang der Straßenübersetzung. Ich schätze die Untersetzung sehr, v. a. in steilen Abfahrten. Entsprechend der Leistungssteigerung in Sachen

"Klettern" nimmt in gleichem Maße die Bremswirkung des Motors bei Abfahrten zu. So ist es sehr bequem, im (in der Regel) 2. Gang (in Untersetzung) steile Passagen hinab zu fahren. Die Bremswirkung des Motors ist dabei so groß, dass ein Einsatz der Bremsen völlig unnötig ist. Vorteil gegenüber der Fußbremse: Das Fahrzeug bleibt jederzeit lenkbar, ein Blockieren der Reifen ist nahezu unmöglich. Auch in sehr steilen Aufstiegspassagen oder bei extrem ruppiger Piste, die in ihren Offroadansprüchen an "Rockcrawling" grenzt, ist eine Untersetzung sehr angenehm, wenn nicht sogar unerlässlich. Eine fehlende Untersetzung lässt sich nur durch vermehrtes Schleifenlassen der Kupplung kompensieren, was diese entsprechend belastet. Im Prinzip gilt für die Untersetzung das Gleiche wie für den Vierradantrieb vorhin. Unter optimalen Bedingungen auf diesen Touren nicht unbedingt notwendig, jedoch sehr vorteilhaft, wenn man sie hat. Viele der sogenannten SUVs verfügen über keine Untersetzung, sind jedoch mit einem extrem kurzen 1. Gang ausgestattet, der ähnlich wie eine ausgewachsene Untersetzung das Kraxeln über ruppige Pisten oder Steilabfahrten ohne Fußbremseinsatz ermöglicht. Manche SUVs verfügen über eine elektronische "Hill Descent Control". Dabei übernimmt die Motorbremse und von der Elektronik einzeln angesteuerte Radbremsen die Kontrolle über die Abfahrt. Ein Blick in die Bedienungsanleitung des Fahrzeugs gibt Klarheit.

Thema Sperren: Vollblut-Offroader verfügen über drei Sperren. Zwei Achsdifferentialsperren und eine Mitteldifferentialsperre. Warum dies? Ein Auto hat vier Räder. Klar. Jedes legt seinen eigenen Weg zurück. In der Ebene beim Geradeausfahren gleichen sich diese vier Wege wie ein Ei dem anderen. Anders in einer Kurve. Das kurvenäußere Rad muss aufgrund des größeren Radius einen längeren Weg zurücklegen als das Kurveninnere. Ähnlich verhält es sich in der Kommunikation zwischen Vorder- und Hinterachse. Beim Vorwärtseinparken in engen Radien macht die Vorderachse mehr Wegstrecke als die Hinterachse. Vom Motor, über das Getriebe, wird jedoch allen Rädern dieselbe Vortriebsmenge geboten. Folge: Es muss ruckeln und krachen im Antriebsgebälk, die Reifen radieren die Wegdifferenz auf den Teer und der Antriebsstrang verwindet sich in qualvollem Jammern. Um dies zu vermeiden sind die Achsen und die Verteilung zwischen Hinter- und Vorderachse jeweils mit sog. Differentialen ausgestattet. Diese bedienen zunächst jedes Rad (bei Vierradantrieb) mit 25% der Antriebskraft. Soweit, so gut. Kommt es zu Differenzen im zurückzulegenden Weg der einzelnen Räder erlauben die Differentiale, dass sich das rechte Rad schneller dreht als das linke oder anders herum, dass sich die Vorderachse weniger an der Motorleistung bedient als die Hinterachse und so weiter. So kann jedes Rad machen "Was es will!". Es kommt zu keinen Verspannungen mehr, jedes Rad bekommt den Antriebsimpuls, den es für seine momentanen Bedingungen benötigt. Gut so. Im Normalbetrieb. Wo Licht ist, findet sich leider auch immer Schatten. Das System funktioniert nämlich auch anders herum. Die Aufteilung der Antriebskraft mit 25% pro Rad ist nur theoretisch. Denn die Antriebskraft verhält sich wie Wasser und geht den Weg des geringsten Widerstandes. Folgendes Beispiel: Ein Geländewagen ist auf Vierradantrieb gestellt, Sperren gibt es keine. Die beiden Räder an der Vorderachse stehen auf Eis, die Hinterachse komplett auf griffigem Teer. An und für sich sollte sich das Fahrzeug über die Antriebskraft der Hinterachse fortbewegen können. Falsch gedacht. Die komplette Antriebskraft geht zu je 50% auf die beiden Vorderräder. Diese drehen durch. Das Fahrzeug bewegt sich keinen Zentimeter. Abhilfe: Die Mitteldifferentialsperre. Bei Fahrzeugen mit zuschaltbarem Vierradantrieb ist diese meist serienmäßig vorhanden. Sie verteilt die Antriebskraft generell fifty-fifty auf Vorder- und Hinterachse. Im Beispielsfall würde als 50% der Antriebskraft an der Vorderachse verpuffen, die Hinterachse hätte jedoch noch genug Kraftreserven, um das Fahrzeug nach hinten aus der misslichen Lage zu ziehen. Negative Seite der Mitteldifferentialsperre: Auf festem Boden mit eingeschaltetem Vierradantrieb einzuparken oder eng-radial zu wenden ruft Verspannungen und ein ungesundes Krachen im Antriebsstrang hervor. Deshalb steht auch in der Bedienungsanleitung von Fahrzeugen mit zuschaltbarem Allradantrieb: "Nur auf Untergründen mit geringer Traktion (Schnee, Sand, Matsch, etc.) einlegen." Lass' uns noch tiefer in die Thematik einsteigen, denn ich finde es höchst wichtig, die technischen Hintergründe des Fahrzeugs zu kennen, denn alleine diese bestimmen über das Verhalten beim Geländefahren. Unser 4x4 ist inzwischen, Dank der eingeschalteten Mitteldifferentialsperre, wieder flott. Ich erinnere nochmal daran, mit dieser Sperre sind Vorder- und Hinterachse starr verbunden. Jede bekommt 50% der Antriebskraft. Es naht die nächste schwierige Situation: Das Auto kommt zum Stehen. Drei Reifen befinden sich auf Blitzeis, einer auf trockenem Teer. Sagen wir, der hinten rechts ist der Glückliche. Was passiert technisch: Je die Hälfte der Antriebskraft des Motors geht an jede Achse. Im Falle der Vorderachse für nix und wieder nix, denn die beiden Reifen stehen auf Eis und drehen durch. Die andere Hälfte geht an die Hinterachse. Juchhe! Da steht ja noch ein Rad auf festem Untergrund. Falsch gedacht. Von den 50% der Antriebskraft, die das Mitteldifferential der Hinterachse spendet, sucht sich diese wiederum den Weg des geringsten Widerstands und verpufft über das linke Rad der Hinterachse, das auf Eis steht. Ende Gelände. Hier hilft eine Hinterachsdifferentialsperre. Diese übernimmt eine ähnliche Aufgabe wie die Mitteldifferentialsperre. Sie zwingt jedes der beiden Hinterräder 25% der Antriebskraft abzunehmen. Ob sie durchdrehen oder nicht. In unserem Fall könnten diese 25% genügen, um über das rechte Hinterrad die Karre aus dem Dreck zu ziehen. Selbiges gilt für die Technik an der Vorderachse. Überdeutlich ausgedrückt ist ein Fahrzeug ohne irgendeine Sperre ein 1x4 obwohl 4x4 draufsteht. Wenn ein Rad im Matsch steht und nicht weiterkommt, fließt alle Antriebskraft auf dieses und es dreht durch. Aus die Maus. Ein Auto mit Mitteldifferential ist demnach ein 2x4, auch wenn 4x4 werbewirksam auf dem Heck steht. Unser Navara verfügt über eine Mitteldifferentialsperre und eine Hinterachsdifferentialsperre, ist demnach also ein technischer 3x4. Nur der Vollständigkeit halber möchte ich erwähnen, dass es 100%-ige Sperren gibt, die eine Antriebsverbindung in Achse oder Mitteldifferential komplett starr schalten oder solche, die einen gewissen

Schlupf zulassen und dementsprechend sanfter eingreifen.

Welche Sperren braucht man für die vorgestellten Alpentouren? Bei vorausschauender, vorsichtiger Fahrweise wohl gar keine. Nichtvorhandene Sperren lassen sich mit entsprechendem Schwung ausgleichen. Um das Thema Sperren noch mehr zu relativieren, unser Land Rover verfügte lediglich über eine zuschaltbare Mitteldifferentialsperre. Trotz teils schwieriger Saharatouren benötigten wir diese ganz, ganz selten. Für teures Geld extra Sperren nachzurüsten ist für die meisten Off Road-Situationen sicher verschwendetes Geld. Achtung: Bei eingelegter Achssperre an Vorder- oder Hinterachse sind 5 km/h die Höchstgeschwindigkeit! Die mechanische Belastung des Antriebsstranges ist sonst zu hoch.Mindestens genauso, wenn nicht noch mehr als das Antriebskonzept, bestimmen die Maße des Fahrzeugs über seine Geländetauglichkeit. Von der Länge des vorderen bzw. hinteren Überhangs hatte ich bereits kurz geschrieben. An steilen Auffahrten kann sich eine weit ausladende Fahrzeugfront in den Hang bohren, bei steilen Abfahrten in den horizontalen Boden. Ich habe in der Sahara einen Land Rover Discovery erlebt, eigentlich wirklich ein hoch geländegängiges Fahrzeug, das seine Front nach einer steilen Dünenabfahrt in den Boden rammte. Ergebnis: Rammschutz nach unten weggeknickt, Frontschürze demoliert. Der Kühler blieb gerade noch heil. Da hatte ein Off Road-Schutzengel einen rettenden Finger dazwischen. Selbiges in noch größerem Maße gilt für steile Auffahrten. Der Hecküberhang ist bei den allermeisten Autos größer als der vordere. So bohrt sich das Heck gerne in den Boden, wenn die Fahrzeugfront gen Himmel strebt. Eine zusätzlich hinausragende Anhängerkupplung verstärkt die Wirkung des Fahrzeughecks als Anker. Reinrassige Geländewägen wie der Land Rover Defender oder der Mercedes G verfügen über sehr kurze Überhänge, die Masse der Fahrzeuge jedoch über zumindest am Heck bedeutende Überhänge. Welche Abhilfe ist möglich? Nun, an erster Stelle heißt es "Kenne dein Auto!". Man muss sich im Schonraum herantasten, am besten mit Hilfe eines Einweisers, welche Steigung und welches Gefälle für das Auto machbar sind. Kostenintensive Abhilfe bietet das Einbauen eines höheren Fahrwerks oder die Ausstattung des Wagens mit größeren Reifen. Ich kenne einen Range Rover Fahrer, der den Frontspoiler seines schicken Edeloffroaders vor Geländeeinsätzen abbaut und diesen daheim in der Garage lässt, um den vorderen Überhang zu verkleinern. Auch eine Alternative. Sicher nicht die dümmste.

Bleiben wir beim Thema Fahrzeugabmessungen. Ein wichtiger Faktor ist das Thema "Bodenfreiheit". Je höher, desto besser. Klar. Ideal wäre ein Unimog mit Portalachsen! Aber denk' daran, je größer der Abstand zum Boden wird, desto geringer wird der zur Decke! Als Tiefgaragenparker weiß ich ein Lied davon zu singen und auch auf Alpenstraßen finden sich höhenbegrenzte Tunneldurchfahrten oder Felsüberhänge, die gerne ein inniges Verhältnis mit dem Fahrzeugdach eingehen möchten. Für Standardmodelle der Alltags-Offroadszene sind 20 cm Bodenfreiheit ein sehr ordentlicher Wert. Wichtiger als dieser sterile Wert ist aber ein ausführlicher Blick unter das Auto VOR Reisebeginn! Meist ist der in der Bedienungsanleitung des Autos oder im Katalog angegebene Wert derjenige der geringsten Bodenfreiheit. Und die ist meistens zwischen Hinterachsdifferential und Boden. Doch wie sieht es links und rechts davon aus. Davor und dahinter? Meist liegen Zonen deutlich größerer Bodenfreiheit neben dem Achsdifferential. Das bedeutet im Umkehrschluss, dass man hohe Hindernisse, z. B. Steinbrocken auf der Piste, nicht mit der Fahrzeugmitte überquert sondern seitlich versetzt. Oft bilden die Bodenschweller die Zone der größten Bodenfreiheit. In diesem Fall werden große Hindernisse am besten direkt mit dem Rad überfahren. Autos mit Einzelradaufhängung haben kein Mittelachsdifferential. Ist vielleicht der Auspuffendtopf oder der Katalysator die tiefste Stelle des Fahrzeugs? Wo liegen diese? Links- oder rechtshälftig der Fahrzeugmitte? Wie in vielen Lebensbereichen entscheidet auch beim Offroaden das Wissen über Erfolg oder Misserfolg. Genauso wie die Stärken muss man auch die Schwächezonen des jeweiligen Fahrzeugs kennen, denn schlimmer als das Nicht-Durchkommen über ein Geländehindernis ist sich einen Schaden am Fahrzeug einzuhandeln, der möglicherweise die ganze Reise zu einem jähen Ende bringt.

Beim Thema Abmessung ist neben Höhe und Breite des Karosserieaufbaus noch der Achsabstand interessant. Je näher Vorder- und Hinterachse beieinander liegen, desto wendiger ist das Fahrzeug. Bei unseren Reisen über Alpenpässe werden oft sehr enge Serpentinen zu überwinden sein. Es macht einen riesigen Unterschied, diese mit einem kurzen 90-er Defender oder einem Schlachtschiff wie unserem Nissan Navara zu nehmen. Im besten Fall ist der Mangel an Wendigkeit durch Reversieren (Zurückstoßen) zu kompensieren, im schlimmsten Fall kommt man um die Kurve einfach nicht herum. Außerdem bestimmt der Achsabstand über den sog. Rampenwinkel. Dieser ist das Winkelmaß und damit die Höhe einer Kuppe, die gerade noch überquert werden kann ohne dass der Fahrzeugboden zwischen den beiden Achsen aufsitzt. Der Rampenwinkel spielt v. a. in kuppigem Gelände eine große Rolle, weniger auf Pisten, selten auf Straßen. Bei US-Präsident Obamas Besuch in London konnte man schadenfroh beobachten, wie sich der zu geringe Rampenwinkel seiner Staatskarosse beim Überfahren einer Schwelle auswirkte.

INFO: Überqueren einer tiefen Rinne, eines Grabens oder einer Kuppe.

Rinnen und Gräben überquert man immer diagonal. Würde man diese im 90°-Winkel anfahren kommen beide Räder der Vorderachse gleichzeitig im Graben an. Die Gefahr besteht nun darin, dass sich der vordere Überhang (Wagenlänge vorderhalb der Vorderräder) in den Gegenhang bohrt und ein weiteres Vorankommen unmöglich macht. Die Traktion der Hinterachse kann gleichzeitig zu gering sein, um den Wagen rückwärts zu bergen. Sollte der vordere Überhang ausreichend kurz sein, damit folglich die Vorderachse den Graben ungehindert überqueren kann, baut in den allermeisten Fällen der hintere Überhang einen zuverlässigen "Erdanker". Denn der hintere Überhang ist bei den meisten Fahrzeugen größer als der vordere. D. h., selbst wenn das Auto den Graben mit der Vorderachse problemlos überquert, spätestens wenn die beiden Hinterräder im Graben stehen, sitzt das Fahrzeug möglicherweise mit dem Heckbereich auf. Ende Gelände. Überquert man einen Graben jedoch diagonal, ist immer nur ein Rad "im Loch". Die drei übrigen können schieben/ziehen und das Einzelrad aus dem Loch holen. Je besser das Fahrwerk dabei verschränkt, desto größer die Wahrscheinlichkeit, dass möglichst alle vier Reifen Bodenhaftung behalten und damit Traktion aufbauen können. Auch die Reifengröße spielt bei Grabenüberquerungen eine wichtige Rolle. Je größer der Reifendurchmesser, desto besser.

Sinngemäß das Gleiche gilt beim Überfahren einer Kuppe. Fährt man die Kuppe im 90°-Winkel an, überqueren die Vorderräder gleichzeitig das Hindernis. Bei Fahrzeugen mit nicht ausreichender Bodenfreiheit droht das Aufsitzen auf der Kuppe zwischen den beiden Achsen und damit ein Hängenbleiben. Fährt man die Kuppe dagegen diagonal an (Bei steilen Kuppen auf den Kippwinkel der Fahrzeugs achten, um einen Überschlag zu vermeiden!) wird zwar möglicherweise das Vorderrad, das die Kuppenhöhe als erstes erreicht, kurzzeitig "in der Luft hängen", die restlichen drei Räder sollten allerdings noch ausreichend für Vortrieb sorgen. "Kippt" das Fahrzeug dann über die Kuppe wird jetzt eines der Hinterräder in der Luft hängen. Die Schwerkraft und die Traktion der anderen drei Räder sollten jedoch dafür sorgen, dass die Kuppe zügig überwunden werden kann. "Zügig" ist hier ein Schlüsselwort, denn zu wenig Schwung kann das Fahrmanöver scheitern lassen. Im schlimmsten Fall sitzt das Fahrzeug dann auf der Kuppe auf und kommt weder vor und noch zurück. Zuviel Schwung erhöht auf der anderen Seite exponentiell die Gefahr einer Fahrzeugbeschädigung im Bereich Fahrwerk/Aufhängung/Auspuff/Unterboden. Hier hilft nur viel Erfahrung, die man sich z. B. durch vorsichtiges Üben im Schonraum (Off Road Park) aneignen kann.

INSIDERTIPP: ESP und Geländefahren.

ESP, das elektronische Stabilitätsprogramm, ist eine sehr sinnvolle, lebensrettende Sache - solange man sich auf festen Straßen befindet. Verliert ein Rad an Traktion, dreht auf Deutsch gesagt also durch, wird dies von der Elektronik erkannt und das Rad entsprechend abgebremst. So kann ein Schleudern in Kurven, die zu schnell genommen wurden oder das Hängenbleiben beim Losfahren auf glattem Untergrund vermieden werden. Im Gelände sieht dies anders aus. Beispielsweise im Weichsand kann es passieren, dass alle vier Räder an Traktion verlieren und dementsprechend von der Elektronik gebremst werden. Im schlimmsten Fall bringt dann die Elektronik das Fahrzeug zum Stillstand. Deshalb schaltet man im traktionsarmen Gelände (Sand, Schlamm, etc.) ESP besser aus. Die Räder drehen zwar etwas durch, jedoch verpufft nicht die gesamte Antriebskraft durch

"Ausbremsen". Der Wagen wühlt sich quasi durch. Bei unserem Camion wird bei Einlegen der Untersetzung das ESP automatisch deaktiviert. Bei 4 High kann der Fahrer selbst entscheiden, ob er das ESP manuell ausschalten will. Auf Schnee im normalen Straßenverkehr würde ich dies nicht tun, im Sand und Matsch im Geländebetrieb jedoch auf jeden Fall.

Abschließend zur Geländetauglichkeitsthematik möchte ich noch auf den Aspekt der Motortechnik eingehen. Ich bevorzuge Dieselmotoren, weil ich deren maximales Drehmoment bei schon niedrigen Drehzahlen schätze. Das ist jedoch Geschmackssache. Benzinmotoren wünschen generell höhere Drehzahlen um in Laune zu kommen, bieten jedoch in den oberen Drehzahlbereichen eine Form von Fahrspaß, die kein Diesel teilen kann. Zum Thema Leistung ist nur eines zu sagen: Viel PS sind nur durch noch mehr PS zu toppen.

Interessant ist auch die Frage nach der richtigen Bereifung. Straßenbereifung (Sommerreifen) genügt auf den Teerpassagen selbstverständlich, auch wenn mir ein Augusttag vor einigen Jahren mit Neuschnee am Galibier noch gut in Erinnerung ist. Extra Winterreifen aufziehen ist in den Sommermonaten nicht notwendig. Im Extremfall muss man eben auf die eine oder andere Passüberquerung verzichten. Unser Nissan ist mit Ganzjahresreifen ausgestattet, also einer harten Sommerreifenversion bzw. mit sanften Winterreifen. Die genügen den allermeisten Ansprüchen. Noch optimaler wären sog. Allterrain-Reifen, eine noch gut straßentaugliche Version eines echten Geländereifens, die sich durch ein gröberes Profil und manchmal stärkere Flanken auszeichnet, damit die Reifen an scharfen Steinen seitlich mehr Schutz erhalten.

Meine Fahrzeugempfehlung für die beschriebenen Touren: Grundsätzlich kann ich mir vorstellen, die Tour mit nahezu jedem auf dem deutschen Markt erhältlichen Geländewagen zu bestreiten. Bei besonders sportlichen, tiefliegenden SUVs würde ich mir Gedanken in Sachen Bodenfreiheit, Rampenwinkel und Überhang machen. Höchste Geländetauglichkeit wie bei den kurzen Defender-Modellen, selbigen Mercedes Gs oder entsprechenden Toyota-Modellen ist schön aber nicht notwendig.

Als Einschätzungsbeispiel möchte ich auf unser Auto eingehen. In ähnlicher Art und Weise empfehle ich eine eigene Fahrzeugeinschätzung vorzunehmen, um Stärken und Schwächen herauszufinden und im Gelände erfolgreich und v. a. schadensfrei zu bleiben. Nach 16 Jahren mit einem Land Rover Defender 110 wurde dieser in unserem Fall durch einen Nissan Navara King Cab abgelöst. Was wir an Komfort gewannen verloren wir auf der anderen Seite an Geländegängigkeit. Wo hakt es konkret: Der Navara ist lang, unglaublich lang. Das wirkt sich negativ auf Wendekreis und Rampenwinkel aus, besonders wegen des hinteren Überhangs. Hier ist Vorsicht geboten. Die Bodenfreiheit ist trotz Serienbereifung recht ordentlich. Nirgends steht etwas großartig hervor, was man sich im Gelände abfahren könnte. Das Differential der Hinterachse ist der Punkt geringster Bodenfreiheit. In

Sachen Antrieb macht der Navara Punkte. 190 PS stehen 113 PS des Landys gegenüber. Das Schaltgetriebe verfügt über 6 statt 5 Gänge. Die Hinterachse ist zusätzlich mit einem Sperrdifferential ausgestattet. 100%-ig. Der Antrieb der Vorderachse ist elektrisch zuschaltbar, das ermöglicht einen kraftstoff- und verschleißarmen 2x4-Betrieb für die meisten Fahrsituationen. Der Land Rover verfügte dagegen über einen permanenten Allradantrieb. Zusammenfassung: Mit Ausnahme der Abmessungen toppt der Navara den Land Rover in allen Belangen. Damit sollten wir zurechtkommen können.

Die wichtigste Variable in Sachen Geländegängigkeit erwähnte ich bislang nicht und möchte dies hier nachholen und betonen. Den Fahrer. Meiner Meinung nach macht fahrerisches Können sicher 60% des Fahrerfolgs im Gelände aus. Vielleicht sogar noch mehr. In der Camargue sah ich Einheimische mit zweiradgetriebenen Billigkleinwägen französischer Autohersteller Weichsandzonen locker durchackern, an denen kurz vorher Geländewagen mit im Sandfahren unerfahrenen Chauffeuren gescheitert waren.

Wissen über die technischen Stärken und Schwächen des Fahrzeugs, Übung und Erfahrung in Sachen Geländefahren, dann steht einem erfolgreichen Off Road-Urlaub nichts mehr im Wege.

Nicht-Geländewagenfahrer mögen sich wohl fragen, ob man die Touren auch mit einem normalen KFZ nachfahren könnte. Weitestgehend eindeutig "ja". Die Teerpassagen auf jeden Fall, auch viele der

Schotterpisten sind für einen PKW machbar. Im Text findest Du Hinweise, wenn die Strecke für normale PKW nicht mehr passierbar sein sollte. Weniger die aufgrund fehlenden Vierradantriebs mangelnde Traktion dürfte das Problem sein, sondern die zu geringe Bodenfreiheit und die großen Überhänge der meisten Nicht-Geländewagen. Dies gilt v. a. für die holprigen und ausgewaschenen Wegpassagen. Doch es gibt auch verhältnismäßig hochbeinige PKWs, ich denke z. B. an die Modelle der sogar vierradgetriebenen Subaru-Flotte oder ältere VW-Bus-Versionen. Auf einer schwierigen, ausgewaschenen Passüberquerung im Trentino konnte ich mit meinem Land Rover mit einem einfachen Fiat Panda kaum mithalten. Wie bereits gesagt, ein Geländefahrzeug definiert sich nicht durch den Aufdruck 4x4 alleine. Um Dir eine "Nummer sicher"-Entscheidung zu ermöglichen, verweise ich im Text auf für Normalfahrzeuge ungeeignete Streckenabschnitte.

INSIDERTIPP: Die "4x4-Survivalausrüstung"

Ganz ohne "Survivalausrüstung" sollte man auf keinen Fall losziehen, auch wenn die Reiserouten im Herzen von Europa verlaufen, wo nahezu überall und allzeit alles verfügbar bzw. leicht beschaffbar ist. Denken wir zunächst an das leibliche Wohl. Die Wegstrecken führen teilweise durchs absolute Hochgebirge. Auch in den Sommermonaten ist eine warme Wetterjacke, für kälteempfindliche Menschen auch Mütze und Handschuhe, notwendig. Genauso gefährlich wie die Höhenkälte ist die Höhenstrahlung. Die Wirkung der

Sonnenstrahlung übersteigt in der Höhe ein Mehrfaches der Strahlung im Tal. Sonnenschutz für Haut und Augen sind unerlässlich. Stimmt die Temperierung des Körpers ist an den Energiehaushalt zu denken. Nicht überall findet sich eine Möglichkeit der Einkehr. Wir haben deshalb immer einen ausreichenden Vorrat Dauernahrung an Bord. Schüttelbrot, Kaminwurzn, Salamis und sonstiges Knabberzeugs (Pistazien, Nüsse, Kekse) für den kleinen Hunger zwischendurch. Wichtig ist auch, sich möglichst am Anfang der Reise schon einen Getränkevorrat zu besorgen. Man kann nicht damit rechnen, an jedem Tag an einen Supermarkt zu kommen.

Zur nicht-kalorienhaltigen, persönlichen Survivalausrüstung gehören immer ein Taschenmesser und individuelle Notwendigkeiten medizinischer Art. Auch eine Taschenlampe (Mit vollen Batterien!) und eine Decke dürfen in keinem Auto fehlen. Besser als eine Taschenlampe ist eine Stirnlampe, da die Hände frei bleiben. Taschen- oder Stirnlampen mit Glühbirnen sind absolut out. Heute verwendet man Lampen mit Hochleistungs-LEDs. Die sind schier unkaputtbar und brauchen kaum Energie, sodass sie nächtelang leuchten können, bis ein Batteriewechsel notwendig wird.

Um die heute nicht mehr wegzudenkenden, akkubetriebenen kleinen Alltagsbegleiter (Handy, Fotoapparat, Laptop, etc.) aufladen zu können empfehle ich die Mitnahme eines sog. Spannungswandlers. Dieser wird über den Zigarettenanzünder des Autos betrieben und wandelt die 12V-Spannung des

Bordnetzes in 230V. Zum Laden von Handyakku und Co genügt ein einfaches Modell, das im Baumarkt knapp 50 € kostet.

Kommen wir zur Survivalausrüstung für das Auto. Diese beginnt – das ist meine Meinung – mit einem sorgfältig ausgestatteten Werkzeugkasten. Das Bordwerkzeug eines normalen Autos ist absolut unzureichend für möglicherweise auftretende kleinere Reparaturen. Mein Werkzeugkasten beinhaltet außerdem eine Reihe von Improvisationsmaterialien, die wichtiger sind, als irgendwelche Ersatzteile. Draht verschiedener Stärken, unterschiedliche Klebebänder, mehrere Klebstoffe (Sekundenkleber, Zwei-Komponenten-Kleber, Heißkleber – funktioniert auch mit dem Feuerzeug, Flüssigmetall, Allzweckkleber), Sicherungen, Elektrokabel und Lüsterklemmen, Dichtstoffe (Silikon, Auspuffreparaturmasse, Flüssigdichtung), Schmiermittel, ein Kontaktspray gegen oxidierte, elektrische Steckverbindungen und ein Strommessgerät. Mit dieser Ausrüstung lässt sich all das Kleine reparieren, was bei einer Reise kaputtgehen kann. Keine Sorge, bei einem gut gewarteten Auto und vorsichtiger, dem Gelände angepasster Fahrweise, sollte nichts passieren.

Der nächste Block der Survivalausrüstung für das Auto befasst sich mit der Thematik Fahrzeugbergung. Ein Abschleppseil gehört in jedes Auto. Ich führe zusätzlich einen Bergegurt mit. Abschleppseile haben einen Nachteil. Sie sind recht kurz. So kann das bergende Fahrzeug selbst in die Gefahr kommen, stecken zu bleiben. Bei einem langen Bergegurt bleibt der Helfende auf sicherem Untergrund. Zu einem Bergegurt gehören zwei entsprechend großdimensionierte Schäkel. Auch zwei 1,5 m lange Duraluminium-Sandbleche gehören zu meiner individuellen Reiseausrüstung. Fährt sich das Auto irgendwo fest, muss man unterfüttern, um den Wagen wieder flott zu bekommen. Es gibt dafür nichts Besseres als Sandbleche. Nachteil: Diese benötigen eine Menge Platz im Fahrzeug. Deshalb bekamen sie bei unserem Expeditionsausbau ein eigenes Fach. Unser Nissan verfügt sozusagen über einen Sandblechspender. Im Fachhandel gibt es preisgünstige, etwa 50 cm lange "Anfahrhilfen", quasi Minisandbleche. Wer etwas gewagter ins Gelände vorstoßen möchte sollte mindestens diese mitführen. Genauso gehört ein Spaten, ich nutze einen Bundeswehr-Klappspaten, ins Gepäck.

Die Hauptpannenursache ist laut ADAC-Statistik seit vielen Jahren eine schwache/leere Autobatterie. Kein Thema, dass die Reisebatterie in Schuss sein muss, auch bei einer neuen Batterie würde ich trotzdem ein Starthilfekabel mitführen.

Als Survival-Luxusausstattung habe ich noch ein Reifendruck-Prüfgerät dabei. Das brauche ich, wenn ich auf sandigem Untergrund den Reifendruck reduziere (Auf diesen Reisen nicht nötig!) und einen über den Zigarettenanzünder betreibbaren Luftkompressor, um die Reifen wieder auf den nötigen Straßendruck zu bringen. Auch hier griff ich auf ein preisgünstiges (ca. 50 €) Baumarktmodell zurück. Dieses bringt einen durchschnittlich großen Geländereifen in fünf Minuten von reduziertem auf Straßendruck. Das ist ausreichend schnell (schließlich hat man Urlaub) und allemal bequemer als mit Körpereinsatz zu pumpen.

Wissenswertes - Österreich.

Österreich ist bei den Deutschen ein beliebtes Urlaubsland. Die gemeinsame Sprache und Kultur macht uns die Alpenrepublik sehr vertraut. Doch Vorsicht, die österreichische Straßenverkehrsordnung hält einige Stolperfallen für ausländische Autofahrer bereit. Bei Nichteinhaltung sind die österreichischen Behörden nicht zimperlich mit der Einforderung teils horrender Bußgelder.

INFO: Einreisebestimmungen Österreich.

EU-Bürger reisen mit Reisepass oder Personalausweis ein. Führerschein und Fahrzeugschein sind für den Autotouristen Pflicht, die Mitnahme der Grünen Versicherungskarte wird empfohlen. Reisegepäck für den persönlichen Gebrauch unterliegt keinen Mitnahme-Einschränkungen.

Für Hund oder Katze ist der EU-Heimtierausweis erforderlich, in den die Daten des Mikrochips eingetragen sein müssen. Eine mindestens 21 Tage vor dem Grenzübertritt durchgeführte Tollwutimpfung muss bestätigt sein.

INFO: Verkehrsbestimmungen Österreich.

Beginnen wir mit dem Bergfahren. Hier gilt, dass bei fehlenden Ausweichmöglichkeiten das Fahrzeug zurücksetzen muss, dem dies aufgrund der örtlichen Bedingungen leichter möglich ist.

Die Höchstgeschwindigkeit für PKWs liegt auf Landstraßen bei 100 km/h, auf Autobahnen bei 130 km/h.

Die Promillegrenze beträgt 0,5. Für Personen, die den Führerschein noch keine zwei Jahre besitzen, gilt 0,1 Promille als Obergrenze.

Vorsicht! Vorfahrtsberechtigte verlieren durch Anhalten die Vorfahrt!

Im Bereich einer Geschwindigkeitsbegrenzung auf 80 km/h gilt Überholverbot für zweispurige Fahrzeuge, genauso wie vor und hinter Bahnübergängen.

An Schulbussen darf nicht vorbeigefahren werden, wenn die gelb-roten Warnleuchten eingeschaltet sind.

Bei eingeschränktem Halteverbot darf bis zu 10 Minuten gehalten werden. Gelbe Zick-Zacklinien bedeuten Halte- und Parkverbot. Durchgehende gelbe Linien am Straßenrand verbieten ebenfalls das Halten und Parken. Bei unterbrochenen gelben Linien darf man halten, nicht aber parken. Das Parken auf Fahrbahnen mit Gegenverkehr ist untersagt, wenn nicht mindestens zwei Fahrstreifen für den fließenden Verkehr frei bleiben. Die Kurzparkzonen in den meisten Städten sind mit entsprechenden Hinweisschildern an allen Ein- und Ausfahrten der Gebiete gekennzeichnet bzw. durch blaue Bodenmarkierungen. Handelt es sich um ganze Stadtgebiete, werden die einzelnen Zonen nicht angezeigt.

Das Benutzen von Radarwarngeräten im einsatzbereiten Zustand ist verboten. Das Gerät wird eingezogen und es drohen hohe Geldstrafen.

Das Anbringen einer Dashcam (Minikamera) im Auto ist verboten. In Österreich unterliegen permanente Videoaufzeichnungen im öffentlichen Bereich der Genehmigungspflicht durch die Datenschutzkommission. Das Aufzeichnen ohne Genehmigung wird mit einem Bußgeld bis zu 10.000 €, im Wiederholungsfall bis zu 25.000 € geahndet.

Eine Warnweste ist nur für den Fahrer vorgeschrieben, jedoch für alle Autoinsassen empfehlenswert.

Pkw sowie Lkw bis 3,5 t müssen bei winterlichen Straßenverhältnissen, also bei Schneematsch, auf schneebedeckten oder vereisten Fahrbahnen mit Winterreifen oder Schneeketten ausgerüstet sein. Diese Verpflichtung gilt vom 1. November bis 15. April des Folgejahres. Anhänger fallen nicht unter die Winterreifen-Ausrüstungspflicht. Die Winterreifen müssen im Bedarfsfall an allen Rädern angebracht sein; anstelle von Winterreifen können auch Schneeketten an den Antriebsrädern verwendet werden, wenn die Straße durchgängig oder fast durchgängig mit Schnee oder Eis bedeckt ist. Reifen, die für die Verwendung als Schnee-, Matsch- und Eisreifen bestimmt sind, müssen mindestens eine Profiltiefe von 5 mm bei Diagonalbauart oder mindestens 4 mm bei Reifen bei Radialbauart aufweisen, sonst gelten sie nicht als Winterreifen. Sogenannte "Ganzjahresreifen" oder "Allwetterreifen" kommen als Winterreifen in Betracht, sofern sie eine "M + S" Kennzeichnung aufweisen.

Bei Unfällen mit Personenschäden ist in jedem Fall die Polizei zu rufen. Bei Sachschäden ist die Verwendung des "Europäischen Unfallberichts" zu empfehlen (in ADAC Geschäftsstellen mehrsprachig erhältlich). Wer bei einem Unfall mit "nur" Sachschäden die Polizei ruft, muss eine "Blausteuer" (Unfallmeldegebühr) in Höhe von 36 Euro bezahlen. [Quelle: Zusammengestellt aus Informationen des ADAC Toursets.]

INFO: Telefonieren und Internet in Österreich.

Die internationale Telefonvorwahl von Österreich lautet 0043 (oder +43), es entfällt die Null der Ortsvorwahl. Will man von Österreich nach Deutschland telefonieren wählt man 0049 (oder +49) und lässt ebenfalls die Null der Ortsvorwahl weg.

Nach Wegfall der Roaminggebühren 2017 telefoniert man mit dem Handy nach den Konditionen des Heimvertrages. Selbiges gilt für die Nutzung mobiler Daten.

Wissenswertes - Italien.

Mit dem Überschreiten einer politischen Grenze begibt man sich auch in einen anderen Rechtsraum. Aus der Heimat bekannte (Verkehrs-)Regeln bestehen zwar weitgehend in gleicher Form auch im Ausland, jedoch gibt es kleinere und größere Abweichungen, bis hin zu bei uns in Deutschland völlig unbekannten Vorschriften und Verboten. Bedenke, Unwissenheit schützt nicht vor Strafe!

INFO: Einreisebestimmungen Italien.

EU-Bürger reisen mit Reisepass oder Personalausweis ein. Führerschein und Fahrzeugschein sind für den Autotouristen Pflicht, die Mitnahme der Grünen Versicherungskarte wird empfohlen. Reisegepäck für den persönlichen Gebrauch unterliegt keinen Mitnahme-Einschränkungen.

Für Hund oder Katze ist der EU-Heimtierausweis erforderlich, in den die Daten des Mikrochips eingetragen sein müssen. Eine mindestens 21 Tage vor dem Grenzübertritt durchgeführte Tollwutimpfung muss bestätigt sein.

INFO: Verkehrsbestimmungen Italien.

Die wichtigste Verkehrsbestimmung im thematischen Zusammenhang dieses Führers ist, dass auf Bergstraßen bergwärts fahrende Fahrzeuge grundsätzlich Vorfahrt haben, es sei denn, es steht eine nahe Ausweichmöglichkeit zur Verfügung. Linienbusse haben dagegen immer Vorfahrt.

Die Höchstgeschwindigkeit für PKWs liegt auf Landstraßen bei 90 km/h, auf Autobahnen bei 130 km/h. Zweispurige Fahrzeuge müssen außerorts auch tagsüber mit Abblendlicht fahren. Die Verwendung von Tagfahrleuchten anstelle des Abblendlichts ist tagsüber auch zugelassen.

Eine Warnweste ist FÜR ALLE Autoinsassen vorgeschrieben.

Sofern ein Kreisverkehr nicht ausdrücklich durch Vorfahrtsschilder ("Vorfahrt achten" an der Einmündung) geregelt ist, gilt "rechts vor links". Das heißt, die in den Kreisverkehr einfahrenden Fahrzeuge haben Vorfahrt vor den Fahrzeugen im Kreisverkehr.

Vom 16. Mai bis 14. Oktober darf in Italien mit Winter- oder Ganzjahresreifen nur dann gefahren werden, wenn diese einen Geschwindigkeitsindex aufweisen, der mindestens dem in der Zulassungsbescheinigung festgesetzten Geschwindigkeitsindex entspricht. Verstöße gegen die angeordnete Winterreifenpflicht werden mit Bußgeldern von 84 bis 335 € geahndet. In Italien gilt auf vielen Straßen die Pflicht, Winterreifen zu benutzen. Es existieren aber keine einheitlichen

Regelungen. Auch die Entscheidung, ob die Winterreifenpflicht generell oder situativ nach der Wetterlage angeordnet wird, obliegt den lokalen Verordnungsgebern. Auf die Regelungen wird an den jeweiligen Straßen durch entsprechende Beschilderung hingewiesen. In Südtirol z. B. besteht vom 15. November bis 15. April die Winterreifenpflicht. Diese Regelung gilt auf der Brennerautobahn A 22 und auf den Straßen im Stadtgebiet Bozen. Auf den übrigen Straßen der Provinz Bozen besteht lediglich eine situative, also witterungsabhängige Winterreifenpflicht.

Die Promillegrenze liegt bei 0,5. Für Fahrer mit weniger als drei Jahre Fahrpraxis sowie für Fahrer unter 21 Jahren beträgt die Promillegrenze 0,0.

Bei Unfällen mit Personenschäden auf jeden Fall die Polizei zu rufen. Liegen nur Sachschäden vor, ist die Verwendung des "Europäischen Unfallberichts" zu empfehlen, dieser ist in ADAC Geschäftsstellen mehrsprachig erhältlich. Privates Abschleppen auf Autobahnen ist verboten.

Achtung vor Bußgelder. In Italien sind die Strafen für Verkehrsdelikte erheblich höher als in Deutschland. Jedoch wird *bei den meisten begangenen Verkehrsdelikten bei sofortiger Zahlung innerhalb von fünf Tagen eine Reduzierung der zunächst verhängten Mindestbuße von 30% angeboten.*

Die Parkplätze in den großen Städten sind mit Markierungen in verschiedenen Farben gekennzeichnet. Weiße Linien zeigen kostenfreie Parkplätze an, gelbe Linien kennzeichnen reservierte

Parkplätze (Anwohner, Behinderte, Taxi, etc.). Parkverbot besteht auch an schwarz-gelb markierten Bordsteinen. Blaue Bodenmarkierungen zeigen gebührenpflichtige Parkplätze an, deren Tarif je nach Stadt, Bereich und Tageszeiten variiert. Parken in Landschaftsschutzgebieten ist untersagt. [Quelle: Zusammengestellt aus Informationen des ADAC Toursets.]

INFO: Telefonieren und Internet in Italien.

Die internationale Telefonvorwahl von Italien lautet 0039 (oder +39), es entfällt die Null der Ortsvorwahl. Will man von Italien nach Deutschland telefonieren wählt man 0049 (oder +49) und lässt ebenfalls die Null der Ortsvorwahl weg.

Nach Wegfall der Roaminggebühren 2017 telefoniert man mit dem Handy nach den Konditionen des Heimvertrages. Selbiges gilt für die Nutzung mobiler Daten.

Wissenswertes - Schweiz.

Die Schweiz ist aufgrund der im Januar 2015 durch die Schweizer Nationalbank erfolgten Währungsanpassung an den Euro für Touristen aus der Eurozone ein sehr teures Reiseland geworden. Entsprechend groß sind die Einbußen in der Tourismusbranche. Auch wir werden uns VOR der Staatsgrenze noch ausreichend mit Lebensmitteln und Kraftstoff eindecken, um möglichst ausgabenfrei das schöne aber teure Fleckchen Erde bereisen zu können.

INFO: Einreisebestimmungen Schweiz.

Als EU-Bürger macht man sich wenig Gedanken über die Existenz innereuropäischer Grenzen, an denen seit dem Schengener Abkommen (1985) die Grenzkontrollen schrittweise wegfielen. Seit 16. Oktober 2004 ist auch die Schweiz dem Schengener Abkommen beigetreten, jedoch wird an den Grenzen noch eine Kontrolle des Warenverkehrs durchgeführt, da die Schweiz kein EU-Mitglied ist. Deutsche Staatsbürger können sich als Tourist visumsfrei bis zu 90 Tage in der Schweiz aufhalten. Für die Einreise genügt der gültige Personalausweis oder Reisepass. Kinder benötigen einen eigenen Ausweis, Kindereinträge im Reisepass der Eltern werden nicht anerkannt. Es existieren abweichende Einreisebestimmungen für andere Staatsbürger!

Für Hund oder Katze ist der EU-Heimtierausweis erforderlich, in den die Daten des Mikrochips eingetragen sein müssen. Eine mindestens 21 Tage vor dem Grenzübertritt durchgeführte Tollwutimpfung muss bestätigt sein.

Für den Fahrzeugführer genügt der deutsche Führerschein, die Zulassungsbescheinigung Teil I (Fahrzeugschein) ist mitzuführen. Die Mitnahme der internationalen Grünen Versicherungskarte wird empfohlen.

Die Einfuhr und Ausfuhr von Devisen ist in unbegrenzter Höhe möglich. Jedoch müssen Beträge über 10.000 € bei der Ein-, Aus - oder Durchfuhr in oder durch die EU und ihre Mitgliedstaaten schriftlich bei den Zollbehörden angemeldet werden! Gegenstände des persönlichen Bedarfs (inklusive Arzneimittel und medizinische Artikel) dürfen frei eingeführt werden, andere Waren (ausgenommen Alkohol und Tabakwaren) sind bis zu einem Wert von 300 CHF (ca. 280 €) abgabenfrei. Für Reisende über 17 Jahren gelten folgende Einfuhrmengen: 200 Zigaretten oder 50 Zigarren oder 250 Gramm Zigaretten- oder Pfeifentabak. 1 Liter Alkohol über 15% oder 2 Liter bei einem Alkoholgehalt von unter 15. Lebensmittel werden in die Freigrenze der 300 CHF eingerechnet.

INFO: Verkehrsbestimmungen Schweiz.

Auf Bergstraßen hat das aufwärts fahrende Fahrzeug Vorrang. Das bergabwärtsfahrende Kfz muss dann zurückfahren, wenn das Ausweichen nicht möglich ist und sich das entgegenkommende Fahrzeug nicht offensichtlich näher bei einer Ausweichstelle befindet. Bei Begegnungen ungleichartiger Fahrzeuge (z. B. Lkw und Pkw) muss das leichtere Fahrzeug zurückstoßen. Auf "Berg-Poststraßen" (erkennbar an dem Schild mit Posthorn-Symbol) haben Post- und Linienbusse generell Vorfahrt. Die Lenker entgegenkommender Fahrzeuge haben die Zeichen und Weisungen der Führer von Fahrzeugen im Linienverkehr zu beachten. Schienenfahrzeuge haben innerorts auf gleichberechtigten Straßen Vorfahrt.

Die zugelassene Höchstgeschwindigkeit außerorts liegt bei nur 80 km/h, auf Autobahnen bei für uns Deutsche sehr ungewohnten 120 km/h.

Die Promillegrenze beträgt 0,5. Für Führerscheininhaber auf Probe, Fahrlehrer und andere Berufskraftfahrer gilt eine strikte Promille-Grenze von 0,1. Wer sich alkoholisiert ans Steuer setzt, muss in der Schweiz mit hohen Geldbußen und sogar Gefängnisstrafe rechnen.

Ganzjährig muss tagsüber auf allen Straßen das Abblendlicht eingeschaltet sein. Die Verwendung von Tagfahrleuchten anstelle des Abblendlichts ist tagsüber auch zugelassen. Diese Regelung gilt für alle Fahrzeuge.

Gelbe Kreuze am Fahrbahnrand, die mit einer gelben Linie verbunden sind, bedeuten Parkverbot. An gelben Linien am Fahrbahnrand besteht Halteverbot. In einigen Städten gibt es "Blaue Zonen", deren Anfang und Ende die Schilder "Parkieren mit Parkscheibe" kennzeichnen. Die Parkscheiben, die in diesen Städten an Tankstellen und Kiosken sowie in Restaurants, Polizeistationen und Garagen erhältlich sind, zeigen die zulässige Parkdauer an. Die deutschen Parkscheiben werden anerkannt.

Das Benutzen und Mitführen von Radarwarngeräten im einsatzbereiten Zustand ist verboten. Es drohen hohe Geldstrafen oder eine Haftstrafe. Das Gerät wird eingezogen und vernichtet. Eingeschlossen in dieses Verbot sind auch GPS-Navigationsgeräte, die im Rahmen ihrer Zusatzfunktionen vor Geschwindigkeitskontrollen warnen können (POI-Funktion).

Von der Verwendung einer Dashcam (Minikamera) im Auto wird abgeraten, da erhebliche datenschutzrechtliche Bedenken bestehen.

Es besteht keine generelle Winterreifenpflicht. Bei Verkehrsbehinderung wegen Fahrens auf verschneiten Straßen mit ungeeigneter Bereifung können Geldbußen verhängt werden. Bei einem Unfall mit Sommerreifen auf winterlichen Straßen kommt eine erhebliche Mithaftung in Betracht.

Schwere Verkehrsverstöße, auch Geschwindigkeitsüberschreitungen und Alkoholdelikte, werden mit besonders hohen Bußgeldern geahndet. Von Ausländern wird die Bezahlung in der Regel an Ort und Stelle verlangt. Ab 40 km/h zu schnell in einer Tempo-30-Zone oder mit 80 km/h über dem zulässigen Limit auf Autobahnen droht mindestens ein Jahr Haft. Neben einer hohen Geldbuße ist auch mit der

Enteignung und Zwangsversteigerung des Fahrzeugs rechnen.

Unfälle mit Personen- oder Sachschäden müssen der Polizei gemeldet werden. Die Schäden sind in einem polizeilichen Schadensprotokoll ("Europäischer Unfallbericht") festzuhalten. [Quelle: Zusammengestellt aus Informationen des ADAC Toursets.]

INFO: Telefonieren und Internet in der Schweiz.

Die internationale Telefonvorwahl der Schweiz lautet 0041 (oder +41), es entfällt die Null der Ortsvorwahl. Will man aus der Schweiz nach Deutschland telefonieren wählt man 0049 (oder +49) und lässt ebenfalls die Null der Ortsvorwahl weg. Vorsicht bei Benutzung des Handys! Durch anfallende Roaminggebühren wird das Telefonieren zu einem teureren Vergnügen als daheim, besonders weil die heimische Flatrate im Ausland nicht gilt. Es fallen Roaminggebühren an, Achtung, auch bei ankommenden Anrufen.

Beispiel Roamingkosten (Vodaphone Stand August 2015):

Anrufe nach Deutschland und vor Ort: 91 ct/Min.

Ankommendes Gespräch: 61 ct/Min.

Eine SMS schlägt mit 41 ct zu Buche.

Bitte beachte, dass Du eine EU-Außengrenze passierst, wenn Du von der Schweiz nach Österreich oder Deutschland einreist! Hier gelten strenge Zollvorschriften.

INFO: Einreisebestimmungen für die EU.

Wer die Rückreise (in diesem Buch von Samnaun) nach Österreich antritt, muss sich darüber im Klaren sein, eine EU-Außengrenze zu passieren. Hier gibt es keinen freien Warenverkehr wie innerhalb der EU-Staaten. Beachte unbedingt die geltenden Zoll-Einreisebestimmungen und mach' im Zweifelsfall unaufgefordert Meldung über Dein Transportgut, um Strafen zu vermeiden. Die wichtigsten aktuellen Zoll-Einreisebstimmungen für Österreich sind:

Tabakwaren (Mindestalter 17 Jahre) 200 Zigaretten oder 100 Zigarillos oder 50 Zigarren bzw. 250 Gramm Tabak. 1 Liter Alkohol über 22% oder 2 Liter bei einem Alkoholgehalt von höchstens 22%, des weiteren 4 Liter nichtschäumender Weine oder 16 Liter Bier. Andere Waren sind bis 430 € frei einführbar, für Minderjährige gilt eine Obergrenze von 175 €.

Weitere Informationen unter http://www.engadin.com/einkaufen/zollfreies-einkaufen-in-samnaun/zollfreies-einkaufserlebnis/zollbestimmungen/?R=1&S=1 . *[Alle Angaben ohne Gewähr.]*

Tour 1: Ölige Karwendelumrundung.

Route (ca. 170 km): Achenpass – Kanzelkehre – Geolsalm/Gartalm – Loassattel – Innsbruck – Zirler Berg

Was dem Motor sein 5W40, das war einst das Steinöl für das Karwendel. Diesen Gebirgsstock zwischen Seefeld in Tirol im Westen und dem Achensee im Osten, dem Risstal im Norden und dem Inntal im Süden, wollen wir in den nächsten zwei Tagen umrunden, dabei über Schotterpisten zwei Almen erklimmen und nebenbei wiederholt auf das Thema Steinöl zurückkommen. Warum dies? Nun, aufgrund meiner geophilen Ader finde ich das Thema Steinöl spannend und interessant, beleuchtet es doch eine hochaktive Bergbauphase im Karwendel und zeigt damit seine volkskundliche Bedeutung für den Broterwerb in alten Zeiten und seine Verwendung als Allheilmittel in der Volksheilkunde. Steinöl ist heute fast in Vergessenheit geraten. Mit diesem Kapitel möchte ich nicht nur eine schöne 4x4-Tour beschreiben, sondern auch dem Steinöl ein kleines Denkmal setzen. Die Tour ist an einem Tag ohne Übernachtung zu machen, aber wir lassen uns nicht nur aus Gründen der Recherche für dieses Buch lieber ein bisschen mehr Zeit und nutzen die Übernachtungsmöglichkeit, die uns Le Camion mit seinem Expeditionsausbau bietet.

Diese Tour findet ihren Platz ganz bewusst am Beginn dieses Führers, denn wir wollen, von der 4x4-Seite aus betrachtet, sanft einsteigen. Demjenigen, der die Tour nachfährt, jedoch einen eindrucksvollen Vorgeschmack und Ausblick auf das geben, was ihn auf den folgenden Touren erwartet. Ich gehe in meinen Überlegungen dabei von einem im Bergfahren ungeübten Fahrer aus und/oder dem Chauffeur eines 4x4, der mit dessen technischen Möglichkeiten noch wenig vertraut ist. Für den erfahrenen Bergfahrer hingegen bietet die Tour 1 "Lustfahren" auf sprichwörtlich "hohem Niveau". Lass' uns also einsteigen und losfahren. Es erwarten uns herrliche Bergpanoramen, zwei leicht knifflige Navigationsaufgaben in Fügen und am Pillberg, einfache Schotterpisten mit ausgewogener Steigung und nicht zu engen Kurven, ein etwas ruppiger Abschlussanstieg zur Gartalm, sowie ein sportlich fahrbarer "Zirler Berg".

Unsere diesmalige Ausfahrt beginnt am Achensee. Diesen erreicht man von der A 8 München – Salzburg kommend über die Ausfahrten Holzkirchen (#97), Weyarn (#98) oder Miesbach (#99). Hinter Gmund geht es entlang des Ostufers des Tegernsees über Bad Wiessee und Rottach-Egern in Richtung Süden. Genussfahren über den Achenpass ist angesagt. Jedoch nicht so an Wochenenden. Breche möglichst früh auf und achte auf die Verkehrslagedurchsagen im Radio. Die Tegernseeroute ist hochfrequentiert! Die Grenze nach Tirol wird überschritten und hinter Achenkirch der Achensee erreicht. Hier steigen wir von Westen über Wallgau – Vorderriss – Sylvensteinstausee kommend in die Reisebeschreibung ein GPS 01_01 N 47° 34.946' E 11° 38.064'.

INFO: Achenpass

Der Achenpass liegt auf nur 941 m Höhe und stellt für unsere Tour einen leichten Einstieg in das Passfahren dar. Die Passhöhe befindet sich etwa 1 km nördlich der Grenze zu Österreich im bayerischen Mangfallgebirge. Der Pass verbindet das Tal des Tegernsees im Norden mit Tirol. Auf der Passhöhe liegt Stuben, ein Ortsteil von Kreuth. Südlich des Passes zweigt das Achental vom Achensee her kommend nach Westen als Walchental zum Sylvensteinsee ab, von dem aus wir in die Reisebeschreibung einsteigen. Über den Pass führt ein Teilstück der Deutschen Alpenstraße.

1495 begann man den Saumweg über den Achenpass zu einer Fahrstraße auszubauen. Gleichzeitig wurden entlang der Fahrstraße einige Befestigungsanlagen (z. B. Kaiserwacht auf Tiroler Gebiet) errichtet. Transportiert wurde vor allem Salz aus der Saline Hall nach München, wodurch die Straße zu einer wichtigen Handelsverbindung wurde. Im 19. Jahrhundert verlor der Warentransfer über den Achenpass an Bedeutung, jedoch ergab sich mit dem Tourismus für das ruhige Achental ein neuer Aspekt https://www.achensee.com/ .

Am Achensee kommen wir zum ersten Mal mit dem Thema Steinöl in Kontakt. Ölschiefer, das Gestein aus dem das Steinöl destilliert wird, wurde früher an zahlreichen Stellen im Karwendel abgebaut. Dabei gab es sowohl Übertage- als auch Untertagebaue und Abbauorte unterschiedlichster Größe. Von industriellem Maßstab bis hin zur "Ein-Mann-Zeche", die im Nebenerwerb als Zubrot betrieben wurde, war alles zu finden. Heute wird Ölschiefer nur noch an einer Stelle im Karwendel von der Familie Albrecht abgebaut. Lerne mit uns die drei Cousins kennen.

INSIDERTIPP: Empfehlung - Tiroler Steinöl(-Museum).

Es war kein Kampf David gegen Goliath, denn beide Kontrahenten waren Riesen. Der eine, aus Seefeld stammend, trug den Namen "Thyrsus", der andere war ein Zuagroaßter namens "Haymo", möglicher Weise aus dem Rheinland. Sich seiner Revierhoheit bedroht sann Thyrsus darüber nach, den Eindringling zu vertreiben. Doch dieser verstand keinen Spaß und nahm die Fäden selbst in die Hand. Thyrsus wurde auf offenem Felde westlich Zirl von ihm gestellt. Völlig überrumpelt sah sich Thyrsus dem mit einem Schwert bewaffneten Angreifer gegenüberstehend. In seiner Not riss der Unbewaffnete eine Birke aus (Riesen können das!) und verteidigte sich so gut es ging. Der Ort dieses Kampfes trägt heute den Namen "Dirschenbach". Doch so gut lief es jedoch wohl nicht für den Bergriesen. Achillesgleich wurde der Einheimische von dem waffentechnisch überlegenen Haymo an der Ferse verletzt, stark blutend floh er ins Karwendel, das Gestein mit seinem - so der Volksmund - heilsamen Blut tränkend. Ob Thyrsus den ungeplanten Aderlass überlebte ist nicht sicher. Die historischen Quellen sind nicht übereinstimmend. Das Ganze fand im tiefsten Mittelalter statt. Karl der Große könnte die beiden gekannt haben.

Lange Zeit später entdeckten Bauern im Gestein des Karwendels Thyrsus heilbringende Flüssigkeit wieder. Unter dem Namen "Dirschenöl" (Thyrsusblut) [= Steinöl] wird sie seitdem in der Volksheilkunde für vielerlei Zwecke eingesetzt - für Mensch und Tier.

Einst wurde im Karwendel von vielen Familien Steinöl produziert. Die Hauptabbaustellen befanden sich im Westen des Karwendels bei Seefeld/Scharnitz und im Isartal zwischen Krün und Vorderriss. Der aus dem westlichen Karwendel stammende Martin Albrecht sen. war beseelt von dem Gedanken, auch am Achensee im Osten des Karwendels auf Ölschiefer zu treffen. 1902 wurde der passionierte Mineraliensammler am West-Ufer des Achensees nahe der Geisalm fündig. Im "Mariastollen", benannt nach seiner Frau, förderte er dort 15 Jahre lang Ölschiefer und schwelte Steinöl. 1917 zerstörte eine Lawine die gesamte Anlage. Martin Albrecht verlegte Abbau und Produktion ins Bächental, wo ihm 1908 der Zufall auf 1440 m eine Ölschieferlagerstätte mit geschätzten gigantischen 7 Millionen Tonnen abbauwürdigen Materials finden ließ. Bis heute wird hier ein 6 m mächtiger Ölschieferflöz, 45° einfallend, aktuell noch im Tagebau, in etwa einer Dekade wahrscheinlich im Untertagebau, inzwischen in der dritten Generation, abgebaut. Das Familienunternehmen wird von drei Cousins geleitet, die sich jeweils um Abbau und Produktion des Steinöls,

Weiterverarbeitung und Veredlung, sowie Verpackung und Vermarktung kümmern.

Tiroler Steinölwerke Albrecht GmbH & Co KG verfeinert den Prozess der Steinöldestillation immer weiter, zuletzt durch den Einbau selbstentwickelter, elektrisch beheizter Schweltürme im Sommer 2011. Mit diesen kann die beste Schweltemperatur von 480°C genau gehalten werden. Bei dieser Temperatur entweicht dem Ölschiefer das Steinöl in Form von Gas, welches über Kondensationstürme wieder in den flüssigen Aggregatszustand zurückgeführt wird. Eine energie- und rohstoffsparende Methode. (Quelle und weitere Infos: https://www.steinoel.at/)

Wer die Abbaustätte des Ölschiefers eigenständig erwandern möchte, muss in das Bächental aufsteigen. Man startet hierfür in Achenkirch an der Nordspitze des Achensees (Parkplatz am westlichen Ortsrand am Eingang in das Unterautal) in Richtung Westen. Nach 40 Minuten etwa erreicht man eine Abzweigung, an der man sich bergwärts ansteigend hält. In Serpentinen geht es über die Gröbenalm (1540 m) zum Joch des Gröbner Halses (1655 m). Absteigend nach Südwesten wird der Abbau des Ölschiefers und Standort der Steinölraffinerie erreicht. Im Bereich des Werksgeländes darf der Wanderweg nicht verlassen werden! Der Rückweg fordert zunächst den Wiederaufstieg zum Gröbner Hals, der mit knapp 300 Höhenmetern in die Knochen fährt. Das Unterautal leitet hinab zum Ausgangspunkt der Tour.

Einfacher informiert man sich im Museum der Familie Albrecht in Pertisau am Achensee über das interessante Produkt GPS 01_02 N 47° 26.541' E 11° 42.152'. Unter einer Kristallkuppel wird dort in liebevoll gestalteten Ausstellungsräumen die Geschichte des Steinöls und dessen Gewinnung dargestellt. Im angeschlossenen Geschäft können die modernen Produkte ausprobiert und gekauft werden. Ein schönes Souvenir, gleich zu Beginn unserer Alpentour.

Wir verlassen das Tal des Achensees und gehen die Abfahrt ins Inntal an. Mit nur einer Spitzkehre und einer weit nach Westen ausladenden Schleife überwindet die B 181 einen Höhenunterschied von 440 Höhenmetern. Die Spitzkehre trägt den Namen "Kanzelkehre" und fordert zu einem Panoramastopp förmlich auf GPS 01_03 N 47° 24.693' E 11° 47.314'. Den Blick nach Süden hebend sehen wir das Zillertal und seine vergletscherten Gipfel, die gleichzeitig den Alpenhautkamm markieren. Uns zu Füßen liegt das grüne Inntal mit der Ortschaft Wiesing. Wir sehen die markanten Kreuzungen der Achenseeroute mit [vom Nahen zum Fernen] der Inntalautobahn A 12, dem Fluss Inn und der Inntalbundesstraße B 171. Dann verschwindet die Straße in einem Tunnel an der jenseitigen Talflanke. Er ist der verkehrstechnische Eingang in das Zillertal. In Kürze werden wir ihn durchfahren. Eine eigentümliche Atmosphäre herrscht hier an der Kanzelkehre. Der Panoramagenuss wird vom Lärm der vielen vorbeifahrenden Autos gestört, deren Abgase sich mit der frischen und klaren Bergluft der Alpen mischen. Flachlandtouristen kommen aus dem Staunen nicht heraus, ein Amerikaner steigert sich in seinen Ausrufen über "beautiful" nach "wonderful", ein Kleinkind kräht in mörderischer Lautstärke nach einem Eis. Genug gesehen. Wir starten Le Camion und setzen die Schlussabfahrt hinab in das Inntal fort http://www.kanzelkehre.com/ .

INFO: Zillertal

Das Zillertal ist ein südliches Seitental des Inntales. Geographisch gesehen geschieht hiermit auch der Übergang von den Nördlichen Kalkalpen in die Zentralalpen. Urgestein weicht dem hellen Kalk. Die alten Ortskerne liegen zumeist auf den Schwemmkegeln der Seitenbäche. Mittlerweile wird aber auch der Talboden für Siedlungen und insbesondere Industrie und Gewerbe genutzt. Streusiedlungen und Einzelhöfe ziehen sich weit die Hänge hinauf und gehen in die Almregion über. Die größten Gemeinden sind Fügen und Mayrhofen, beide etwa 4000 Einwohner http://www.zillertal.at/index.php?lang=de .

Schnell ist die weitere Abfahrt von der Kanzelkehre aus ins Inntal hinab nach Wiesing vollzogen. Wir überqueren den Inn und durch den Tunnel bei Strass im Zillertal erreichen wir Gleichnamiges. Nach den Asphaltkilometern zu Beginn unserer Rundreise riecht es nun nach Schotter. Die Fahrt zur Geolsalm und weiter zur Gartalm soll uns auf den Fügenberg im Westen der gleichnamigen Ortschaft am Eingang in das Zillertal führen. In Fügen selbst, gut 5 km südlich des Tunnelausgangs, biegen wir von der Zillertal B 169 ab GPS 01_04 N 47° 20.413' E 11° 51.330' und orientieren uns im südlichen Ortsbereich an der Beschilderung Hochfügen. Die Talstation der Spieljochbahn ist der Hinweis darauf, dass wir uns auf dem richtigen Weg befinden. Bei GPS 01_05 N 47° 19.603' E 11° 49.834' zweigen wir nach rechts, dem Hinweisschild auf den "Alpengasthof Kohleralm, Jausenstation Gartalm" folgend, ab. Noch ist die Straße durchgehend asphaltiert. Ab der Mittelstation der Spieljochbahn (1189 m NHN), links der Straße liegend, hier befindet sich auch der Alpengasthof Kohleralm, ändert sich der Straßenbelag in Schotter, die Straße ist ab hier auch nur noch einspurig GPS 01_06 N 47° 20.434' E 11° 49.106'. Wegweiser mit den Beschriftungen "Bergstation Forststraße", "Gartalm" und "Geolsalm" sind unserer Lotsen. Evt. Wegabzweigungen sind mit Durchfahrtverboten-Schildern versehen. Wir bleiben auf der legalen Schotterpiste.

An dieser Stelle sollten wir kurz das Thema 4x4 und Schotterstraße diskutieren. Legt man jetzt den Vierradantrieb ein? Meine klare Antwort darauf ist, man legt 4x4 erst dann ein, wenn zu erwarten steht, dass die

Traktion der beiden angetriebenen Räder alleine nicht ausreicht, den Vortrieb des Autos sicher zu stellen. Auf trockenen Schotterstraßen ist dies in der Regel nicht der Fall. Ich lege auf diesen erst dann den Vierradantrieb ein, wenn sie durch Regen schmierig werden oder wenn sie derart steil sind, dass (im Fall von Le Camion) die Hinterräder durchdrehen. Dies passiert v. a. beim Anfahren an steilen Passagen. Bei den Bedingungen, die wir heute erleben (hochsommerlich heiß und trocken), können wir auf 4x4 gerne verzichten. Davon unberührt bleibt die Regel den Vierradantrieb VOR dem Steckenbleiben einzulegen, nicht erst dann, wenn der Wagen schon bis zur Achse im Schlamm steckt. Denke in diesem Zusammenhang z. B. auf plötzlich notwendig werdende Wendemanöver, bei denen man bewusst etwas von der Straße abkommt und im möglicherweise unbefestigten Bankett (Waldboden, feuchte Almwiese, etc.) die Gefahr droht, sich fest zu fahren.

Bei GPS 01_07 N 47° 20.909' E 11° 48.968' wechselt die bisherige Hauptrichtung von Westen nach Süden. Die ebenfalls für den öffentlichen Verkehr gesperrte Auffahrt zur Bergstation der Spieljochbahn lassen wir rechts liegen. Wir erreichen die Baumgrenze und ein herrlicher Ausblick auf die Zillertaler Gletscherberge eröffnet sich uns. Dann passieren wir die Geolsalm GPS 01_08 N 47° 19.165' E 11° 47.656' (1733 m NHN). Für viele PKWs ist hier Endstation, denn die sich anschließenden zwei Pistenkilometer sind recht holprig und teilweise ausgewaschen. Wer über ausreichende Bodenfreiheit verfügt und zudem vorausschauend und vorsichtig fährt, kann die

Schlussetappe jedoch auch ohne Geländewagen meistern. Unser Le Camion kraxelt über zwei enge Serpentinen und schließlich erreichen wir den Endpunkt des Schotterausflugs - die Gartalm GPS 01_09 N 47° 18.811' E 11° 46.929' auf 1849 m NHN. Oberhalb eines kleinen Weihers mit Wasserfontäne liegend bildet sie ein Alpenidyll und lädt zum Verweilen ein.

Was bleibt an Erinnerungen an die Fahrt auf den Fügenberg? Nun zunächst einmal die nicht ganz einfache Navigation bis zum Beginn der Schotterpiste am Kohlerhof. Ich empfehle dringend das GPS mit den Koordinaten der entsprechenden Abzweigung zu füttern. Konzentriert auf den Verkehrsfluss ist man sonst schnell vorbei gefahren und landet in Hochfügen. Abenteuerlich war, dass uns an einer der steilsten und kurvigsten Abschnitte der Schotterstraße – das musste wohl so sein – ein großer LKW entgegen kam. Wir waren gezwungen mehrere hundert Meter zurückzustoßen. Nicht ganz angenehm bei den an dieser Stelle schwierigen Straßenverhältnisse und dem abschüssigen Gelände. Dabei nutzte ich die technischen Möglichkeiten von Le Camion und legte die Untersetzung ein. Aus Traktionsgründen wäre dies bei den heutigen, trockenen Pistenverhältnissen nicht notwendig gewesen. Doch ich nutzte auf diese Weise die große Wirkung der Motorbremse in 4x4 low für die komplizierte Rückwärtsfahrt. So konnte ich den Fuß getrost vom Bremspedal lassen, musste mich ums Bremsen also nicht kümmern, und wie vom Drahtseil einer Winde gehalten konnte ich mich vollkommen dem Zurücksetzen mit Hilfe der beiden Außenspiegel widmen.

Die weitere Auffahrt durch den Wald bot wenig, was zu erzählen lohnen würde, schlichte Forststraßenromantik herrscht hier, falls es eine solche überhaupt gibt. Spannend wird die Piste aber ab dem Erreichen der Baumgrenze. Die Panoramen auf die Gletscherberge im Südwesten sind beeindruckend. Hier wurde uns auch die Herkunft des LKWs klar. Umfangreiche Liftbaumaßnahmen sind jetzt im Sommer 2015 im Gange. Der Mensch macht sich den Berg Untertan. Kein sehr schöner Anblick, auf der anderen Seite lebt Fügen vom Skitourismus.

Die Rückfahrt ins Zillertal führt über die gleiche Route wie die Auffahrt. Im Tal an der B 169 angekommen orientieren wir uns nach links (Norden) und verlassen das Zillertal nach dem Schotterpistenintermezzo über den uns von der Herfahrt bereits bekannten Straßentunnel. An der Kreuzung mit der Inntalbundesstraße B 171 halten wir uns ein zweites Mal Richtung links (Westen) und folgen der Beschilderung Schwaz/Innsbruck. Wir durchfahren die Bergwerksstadt Schwaz und machen von ihrer reichhaltigen Infrastruktur Gebrauch, indem wir uns mit Proviant für Mensch und Maschine eindecken.

INSIDERTIPP: Bergbaustadt Schwaz.

Interessante Sehenswürdigkeiten finden sich in der Bergbaustadt Schwaz, wo Silber abgebaut wurde http://www.schwaz.at/kultur/sehenswurdigkeiten/ . *Die*

Kaufmannsfamilie Fugger aus Augsburg wurde mit Schwazer Silber steinreich. Wer in die Geschichte des Bergbaus tiefer eindringen möchte, dem sei ein Besuch des Schaubergwerks empfohlen http://www.silberbergwerk.at/ .

Unser nächstes Ziel ist die Bergstraße auf den Hochpillberg, über deren weiteren Verlauf wir auf den Loassattel fahren möchten. Die Routenbeschreibung beginnt im Bergbauort Schwaz am Kreisverkehr nahe des südöstlichen Stadtrands bei GPS 01_10 N 47° 20.220' E 11° 42.258'. Hier biegen nach links wir in die Arzbergstraße ein. In vier Serpentinen erreichen wir bei GPS 01_11 N 47° 19.221' E 11° 42.098' die nach links abzweigende Pillbergstraße, der wir im weiteren Verlauf folgen. Rechts ginge es hinab nach Pill im Inntal zum Ausgangspunkt der Pillbergstraße. Dies wird später die Route unserer Abfahrt ins Tal sein. Doch zunächst geht es weiter bergauf. Die asphaltierte Pillbergstraße ist jetzt nur noch einspurig. Im dichten Wald orientieren wir uns an einer Straßengabelung Richtung "Alpengasthof Grafenast", "Gasthof Hubertus" und "Gasthof Frieden". Einen knappen Kilometer vor diesen Hotels zweigt rechts in sehr spitzem Winkel bei GPS 01_12 N 47° 18.883' E 11° 43.821' [Schlüsselkoordinate dieser Streckenbeschreibung!] der schmale "Loasweg" ab. Hier beginnen die Schotterfreuden. An seinem Beginn weist eine große Hinweistafel auf generelles Parkverbot hin, ausgenommen davon sind drei offizielle Parkplätze.

Für die Befahrung des Loaswegs und die Nutzung der Parkplätze sind an einem Automaten sehr faire 3 € Nutzungsgebühr pro Tag zu entrichten. Der Fahrweg mit Naturbelag führt uns durch immer spärlicher werdenden Wald hinauf zum Loassattel (1683 m NHN). Kurz hinter dem Gasthof "Loas" und dem "Gamssteinhaus" GPS 01_13 N 47° 18.026' E 11° 45.806' ist auf dem baumlosen Scheitel (hier genügend Abstellplätze) der Endpunkt unserer Himmelfahrt erreicht. Schön ist es hier.

Fahrtechnisch bot die Strecke keinerlei Schwierigkeiten, abgesehen von den Gefahren durch entgegenkommende Verkehrsteilnehmer auf der einspurigen Piste. So stehen auch zahlreiche PKW ohne nennenswerte Bodenfreiheit am Parkplatz beim Loassattel. 4x4 kam nicht zum Einsatz. Bei Regen könnte dies anders aussehen. Der Reiz hier herauf zu fahren ist für uns diesmal ein anderer als das Fahrvergnügen in erster Linie, nämlich ein geiler Übernachtungsplatz. Wie schon beschrieben gibt es drei offizielle Parkplätze. Nummer zwei ist unser Favorit. Der eingezäunte (Wegen der Weidetiere!) Parkplatz bietet ein atemberaubendes Panorama nach Westen und hinab ins Inntal. Hier schlagen wir unser Camp auf und genießen den zu Neige gehenden Nachmittag. Trotz der Ferienhochsaison sind wir fast alleine. Einige Mountainbiker legen noch eine abendliche Trainingseinheit ein, ab und zu fahren Wanderer in ihren Autos, die oben am Loassattel geparkt hatten, zu Tal. Sonnenuntergang. Gewaltig. Der Rotwein schmeckt heute besonders gut. Mit einsetzender Dämmerung wird es still. Und frisch. Schnell vergisst man an einem hochsommerlichen Tag wie heute, dass man sich in großen Höhen befindet, im Fall unseres Übernachtungsplatzes auf knapp 1500 m NHN, und es des Nächtens empfindlich abkühlt. Ein warmer Schlafsack tut in den Bergen auch im Sommer Not.

Am nächsten Vormittag, nach einem ausgiebigen Brunch mit Spiegeleiern und Schinken, Kaffee und Bauernbrot, Frischkäse und Marmelade, kehren wir über die Pillbergstraße kurvenreich ins Inntal zurück, das wir im Talort Pill erreichen. Dafür müssen wir uns nur an der Abzweigung GPS 01_11 N 47° 19.221' E 11° 42.098', an der wir gestern aus Schwaz kamen, links halten. Um unsere Karwendelumrundung fortzusetzen biegen wir nach links (Westen) auf die Inntal B171 Richtung Innsbruck ab. Nach gut 6 km Fahrt erreichen wir die Ortschaft Wattens, Sitz der Weltfirma Swarovski. Ein Besuch der Swarovski Kristallwelten bietet sich an.

INFO: Inntal

Das Inntal durchquert die Ostalpen von West nach Ost. Es ist ein typisches Trogtal, das von den Gletschern der Eiszeit seine typische U-Form mit steilen Flanken und hoch liegenden Schultern erhielt. Den Bereich, den wir heute durchfahren, ist das Tiroler Unterinntal. Bei Innsbruck geht es in das Tiroler Oberinntal über, in der Schweiz setzt es sich als Unter- und Oberendagin fort. Flussabwärts, jenseits der bayerischen Grenze spicht man vom Bayerischen Inntal. Das Inntal im Großraum Innsbruck trägt auch die Bezeichnung Mittelinntal.

INSIDERTIPP: Swarovski Kristallwelten

Eine interessante Sehenswürdigkeit für Jung und Alt bieten die Swarovski Kristallwelten in Wattens *http://kristallwelten.swarovski.com/Content.Node/wattens/index.de.html* *GPS 01_15 N 47° 17.615' E 11° 36.360' (Abzweigung Kreisverkehr). Hier findet sich deutlich mehr als nur "Glitzersteine aus Glas". Laut Slogan der Kristallwelten eröffnet sich "Eine neue Epoche des Staunens". Prädikat: empfehlenswert.*

Inzwischen ist unser zweiter Reisetag schon weit über den Mittag hinaus fortgeschritten. Mit Stopp and Go quälen wir uns durch Innsbruck. Bei Zirl, westlich der bei Kletterern geschätzten Martinswand und einem großen Steinbruch, beginnt der steile Aufstieg hinauf nach Leithen GPS 01_16 N 47° 16.286' E 11° 15.408'. Ich mag diesen Straßenabschnitt, der im Volksmund schmucklos "Zirler Berg" heißt. Richtig wäre die Bezeichnung "Seefelder Straße" oder "Zirlerbergstraße". Steil ist er, der Zirler Berg, bis zu 16%, v. a. im oberen Abschnitt. Mit nur einer Haarnadelkurve überwindet er auf kurzen vier Kilometern den großen Höhenunterschied von 388 Metern. Aufgrund des starken Gefälles zwischen Leithen und Zirl sind im Bereich oberhalb der Spitzkehre mehrere von der Straße bergwärts abzweigende

Notwege mit Kiesbett angelegt, falls die Bremsen bei der Abfahrt versagen. Ich mag den Zirler Berg deshalb, weil ich gerne mit viel Schwung im 6. Gang und bei erlaubter Höchstgeschwindigkeit von 100 km/h bei Zirl in die Bergstraße einfahre und dann - HOFFENTLICH KRIECHT NICHT IRGENDEIN FLACHLANDTIROLER MIT 30 KM/H DEN BERG HOCH - den Schwung mit in die Bergfahrt nehme.

Diesmal habe ich Glück. Ich beschleunige üppig in den Anstieg hinein. Le Camions Pferde traben auf den Befehl des Gaspedals wollüstig den Berg hoch. Die Haarnadelkurve zwingt zum Herunterschalten. Fast aus dem Stand folgt dann der steilste Streckenabschnitt. Und wiederum machen die 190 Gäule unter der Motorhaube richtig Spaß. Sie erlauben mir die Gänge nach oben durch das Getriebe zu jagen. Viel zu schnell ist der Bergfahrsport beendet. In den Ohren knacken die Trommelfelle, Druckausgleich (Nase zuhalten, Mund zu und fest ausatmen!) tut Not.

Nach der spannenden, weil steilen und rasanten Auffahrt auf den Zirler Berg erreichen wir den Ort Leithen. Hier wollen wir uns kurz vor Abschluss unserer Karwendelumrundung noch einmal mit dem Thema Steinöl befassen und den Bogen zur Anfangsthematik schließen. In Leithen steht das sog. Riesenhaus GPS 01_17 N 47° 17.401' E 11° 13.163'. Es liegt direkt links in Fahrtrichtung an der Straße (B 177), parken kann man kurzzeitig gegenüber (rechts der Straße) auf dem Parkplatz des Gasthofes "Hirschen". Die der Straße zugewandte Seite des Hauses ist mit einem alten, blassen Fresko verziert, das die Kampfszene zwischen den beiden Riesen Thyrsus und Haymo zeigt.

INSIDERTIPP: Schnitzerei in der Kirchentüre in Reith Bei Seefeld.

Wer Thyrsus-Blut geleckt hat und noch mehr über den Kampf der beiden Riesen erfahren möchte, der biegt 700 m nach dem Riesenhaus in Leithen von der B 177 nach rechts zum Dorf Reith Bei Seefeld ab. An der hölzernen Türe der Dorfkirche ist unten in einer Kassette selbiger Kampf als Holzrelief dargestellt.

Nach dem kurzen Stopp am Riesenhaus geht es weiter Richtung Seefeld in Tirol. Bei GPS 01_18 N 47° 19.189' E 11° 11.932' zweigt rechts der B 177 die beschilderte Zufahrtsstraße zur Maximilianshütte ab. Dies ist der allerletzte Berührungspunkt auf unserer Reise mit dem Steinöl. Hier wird selbiges destilliert. Mit den drei Cousins der Familie Albrecht hat diese Firma nichts zu tun. Einst befanden sich die Abbauorte im Berghang hinter der Maximilianshütte. Viele sind verstürzt, einige kann man mit etwas Geschick noch auffinden. Heute ruht der Bergbau, doch die Herstellung von Steinöl geht weiter. Es ist jedoch kostengünstiger Ölschiefer aus dem Französischen Jura zu importieren, als Einheimischen kostenintensiv zu fördern. Die Maximilianshütte stellt Steinöl für das Pharmaunternehmen Ichthyol http://www.ichthyol.de her. Zu sehen ist hier von außen nichts, aber manchmal zu riechen. Nämlich dann, wenn die Destillation in Gange ist und das Umfeld der Produktionsstätte mit einem Geruch umgibt, der nach Teerarbeiten erinnert.

Wir nehmen den Rest der Karwendelrunde unter die Reifen, für uns ein Heimspiel. In Scharnitz bietet sich die letzte Möglichkeit preiswerten österreichischen Sprit zu tanken. Das lohnt sich v. a. für Fahrer von Autos mit Benzinmotor. Bei Diesel beträgt die Ersparnis meist nur wenige Cent. Aber wenn man schon 'mal da ist ... Das Grenzschild im Norden von Scharnitz heißt uns im Freistaat Bayern willkommen. Nördlich Mittenwald, dort wo die Straße nach Krün von der B 2 abzweigt, endet für uns definitiv die Karwendelumrundung. Wir setzen die Heimfahrt nach Garmisch-Partenkirchen fort. Wer von weiter her angereist ist kann über den Olympiaort schnell die A 95 nach München erreichen, wer noch etwas Zeit im Gepäck hat wählt evt. die Alternativroute über den Walchensee und die Kesselbergstraße hinab nach Kochel. Wer es mit der Karwendelumrundung ganz genau halten will entscheidet sich in Wallgau für die Mautstraße nach Vorderriss und erreicht über den Sylvensteinstausee wiederum die Achenseeroute, an der diese Reisebeschreibung begann.

Eine schöne Runde mit zwei einfachen 4x4-Einlagen geht zu Ende. Gipfelpanoramen und der wundervolle Ausblick von unserem Camp aus auf das Inntal haben sich in die Gehirnwindungen eingebrannt. Interessant war das Nebeneinander des Trubels und der Geschäftigkeit unten im Inntal im Vergleich zu der Ruhe, den die Almen verbreiten, die wir im Zillertal und am Loassattel besuchten. Das Thema "Steinöl" gab unserer Fahrt einen umschließenden, thematischen Rahmen. Abends, zuhause auf "La Loggia", unserem großen Südbalkon, lassen wir bei einem guten Rotwein vor den schroffen Gipfeln des Wettersteins die Eindrücke Revue passieren. Und wieder einmal hat sich für uns bewiesen, dass man gar nicht weit wegfahren muss, um im Urlaubsgefühl anzukommen.

Tour 2: Alpentriathlon: Berge - Täler - Seen.

Route (ca. 140 km): Bad Tölz – Sylvenstein – Vorderriss – Hinterriss – Großer Ahornboden – Vorderriss – Wallgau – Walchensee – Jachenau – Bad Tölz

Ich habe lange mit mir gerungen, diese Tour in meinen 4x4-Führer mit aufzunehmen. Das Problem ist, die Fahrt in den Großen Ahornboden hat rein gar nichts mit 4x4 und Off Road zu tun. Die Straße in die Eng ist asphaltiert und gut ausgebaut. Auf der anderen Seite kann ich mir nur schwer vorstellen einen Alpenstraßenführer im weiteren Sinne heraus zu bringen, der die Eng ausklammert. Das Risstal mit dem Großen Ahornboden und der Eng-Alm, im Volksmund kurz "Die Eng", ist eines der beliebtesten Ausflugsziele und Touristenmagnete im Karwendel. Sie ist ein Kleinod der Nordalpen. Der Kontrast zwischen der einzigartigen Tallandschaft und den sie umgebenden schroffen Gipfeln macht die Attraktivität des Ortes aus. Die Schar hunderter Touristen täglich ist mehr als Beweis genug dafür. So ist die Eng zu jeder Jahreszeit ein beliebtes Ausflugsziel. Mit besonders großen Besuchermassen ist im Herbst zu rechnen, wenn sich die Blätter der zahlreichen Bergahornbäume des Großen Ahornbodens bunt verfärben und einen Flair von "Indian Summer" verströmen. Egal ob mit oder ohne 4x4, folge uns auf einen Roadtrip in die Eng, sei es als eigenständige Tagesfahrt oder als Anhängsel, idealer Weise an Tour 1. Um der Tour einen größeren Rahmen zu geben binde ich neben der Berglandschaft der Eng den

Walchensee, als einen der schönsten Alpenseen und die Jachenau, ein verborgenes Tal in dem die Zeit stehen geblieben zu sein scheint, mit ein und forme die Tour auf diese Weise zu einem "Alpentriathlon".

Wir beginnen unseren Roadtrip in Bad Tölz und folgen im Süden der Kurstadt der Beschilderung Lenggries GPS 02_01 N 47° 45.091' E 11° 33.874'. Die B 13 wird für gut 20 km unsere Heimat. Sie endet mit einem Anstieg auf die Dammkrone des Sylvensteinstausees, wo sie bei GPS 02_02 N 47° 35.160' E 11° 32.908' in die B 307 mündet, die nach links über die Dammkrone zum Achenpass führt. Wir biegen nach rechts (Süden) ab, nachdem wir einen Spaziergang über den Damm des Sylvensteinspeichers zwischengeschaltet haben.

INFO: Sylvensteinsee

Der Sylvensteinsee ist ein Stausee, 1959 erbaut. Seine Hauptaufgabe ist, das Isartal und damit die Räume Bad Tölz und München vor Hochwasser zu schützen. Der Speicher hält Hochwasserwellen zurück, drosselt diese und leitet sie kontrolliert ab. Der fjordartige See fügt sich passgenau in die Landschaft ein. Das Dorf Fall wurde vor der Flutung abgerissen und an höherer Stelle erneut aufgebaut. Bekannt wurde Fall durch die Verfilmung des Heimatromans "Der Jäger von Fall" von Ludwig Ganghofer.

Nur 1,5 km hinter dem Damm erreichen wir die Brücke über den Sylvensteinsee und damit ein Monument in Sachen Automobilgeschichte. Es lohnt sich hier zu parken GPS 02_03 N 47° 34.673' E 11° 32.270' und die Brücke genüsslich zu Fuß zu überqueren (Es gibt Gehsteige!). Bei niedrigem Wasserstand sieht man noch die Fundamente der abgerissenen Häuser des ehemaligen Dorfes Fall (Siehe *INFO: Sylvensteinsee!*). Aber was hat die Brücke mit Automobilgeschichte zu tun? Sie ist in der Tat, neben den Corniche-Straßen der Côte d'Azur in Südfrankreich, der Ort, den die Werbefachleute der Automobilhersteller für packende Werbeaufnahmen, sei es in Film- oder Bildform wählen. So manches neue KFZ-Modell wurde bei der Fahrt über die Brücke gefilmt und so dem Verbraucher in Werbepausen vorgestellt. Du stehst auf geschichtsträchtigem Boden in Sachen Autos. Genieße die Fahrt über die Brücke und drehe doch Deinen eigenen Werbeclip! Rechts oberhalb des Parkplatzes kommt man über einen kleinen Steig zu guten Fotospots.

Wir fahren gut 8 km weiter und erreichen die Isarbrücke in Vorderriss GPS 02_04 N 47° 33.573' E 11° 26.184'. Alles sieht hier ein bisschen nach Klein-Canada aus. Wir überqueren die Brücke nicht, sondern halten uns geradeaus/links, Richtung Süden in das Risstal. Man kann sich hier nicht verfahren, es gibt nur die eine Straße. Wir erreichen Hinterriss. Am Ortseingang empfiehlt sich der Besuch des "Naturparkhauses Hinterriss", des Alpenparks Karwendel GPS 02_05 N 47° 28.380' E 11° 27.952' http://www.karwendel.org/de/karwendel_erleben/2012_be

suchereinrichtungen/naturparkhaus_hinterriss_alt.php . Das interaktive Museum bietet vertiefte Einblicke in das Geotop Karwendel und ist eine ideale Ergänzung zu unserer Tour 1.

Der Weiterweg ist Genussfahren. Noch gut 14 km sind es bis zum Endpunkt unseres Ausflugs in die Eng. Die letzten Kilometer sind mautpflichtig (Tageskarte 3,50 €; Stand Sommer 2015; http://www.mautstrasse-hinterriss-eng.at/cms/). Jetzt durchqueren wir den Großen Ahornboden. Hier stand vor seiner mittlerweile tausendjährigen (!) Nutzung als Almboden ein Mischwald aus Fichten, Tannen, Buchen und Bergahornen. Dieser wurde gerodet, um der Almwirtschaft zu weichen. Die Bergahornbäume ließ man als Schutzbäume (Schattenspender; Schlechtwetterunterstand) für das Weidevieh stehen. Außerdem wurde ihr Laub als Einstreu und als Futterlaub genutzt, auch das Holz war sehr geschätzt. Eine weitere Selektion erfolgte durch die Natur selbst. Zahlreiche Murenabgänge führten wiederholt zu einer Überschotterung des Talbodens. Bergahorn verträgt diese besser als jede andere Baumart, auch durch Steine geschlagene Wunden in der Rinde verheilen schnell.

Am Ende der Straße erreichen wir einen Wander-Großparkplatz GPS 02_06 N 47° 24.133' E 11° 34.004'. Dieser kann an Wochenenden und im Sommer schon 'mal aus allen Nähten platzen. Der Gipfel der 2606 m NHN hohen Spritzkarspitze im Süden zieht die Blicke auf sich, südöstlich davon die Eiskarl Spitze (2610 m). Schon Hermann von Barth, durch elf Erstbesteigungen und ausführliche Bergbeschreibungen als der "Erschließer des Karwendels" in die Geschichte eingegangen, beschrieb 1874 in seinem Buch "Aus den Nördlichen Kalkalpen" die etwa 600 m unterhalb des Gipfels liegenden "Eiskarlen". Lassen wir ihn in seiner blumigen Sprache mit einer Momentaufnahme der Eiskarlen aus dem Jahre 1870 zu Wort kommen [Rechtschreibung angepasst]: *"Westlich der großen Mulde des Hoch-Glück, im Felsenkörper des Eiskarl- und Spritzkarspitz ausgehöhlt, lagern zwei kleine, durch einen breiten Rücken getrennte Kessel, welche in tieferer Zone sich vereinigen; [...] Die geteilten Kessel aber, von den Wänden der Gipfel gewaltigen Kellern gleich ummauert, geben kleinen Gletschern die zu ihrer Existenz notwendige Bergung und führen aus den Gräben und Klüften ihrer Felsumwallung allwinterlich ihnen Nahrung zu, sich zu verjüngen. Hell glänzen diese Eisfelder herunter auf die Eng-Alpe; durch die Schneedecke schimmert hier und dort lichtblau das blanke Eis hervor. Was vom tiefen Grunde aus nicht erspäht, das eröffnet der Blick aus Gipfelhöhe: eine Zerschründung dieser kleinen Gletscher, welche jedem Eisfelde der Tiroler Zentral-Alpen alle Ehre machen würde. Spalte drängt sich an Spalte, blaugrün schillert aus ihrer Tiefe der kompakte Firn, halb eingebrochene Schneebrücken überspannen die Grüfte und von ihren vorstehenden Kanten hängen Festons (frz. Girlanden) verzackter Eisgebilde in das frostige Düster hinab. Der Zugang zu diesen Becken, welche gemeinsam als die "Eiskarl'n" bezeichnet werden, führt aus der Mulde "Im Hoch-Glück" über den niedrigen Wall, der westlich die letztere abschließt und mit dem Steilabsturze des gesamten Bergmassivs sich verschmilzt, quer hinüber,*

– ein schmaler, anscheinend nicht ganz leicht zu begehender Steig; von allen anderen Seiten ist dieser Gebirgskessel, in welchem man immerhin ein paar Stunden lang umher spazieren könnte, völlig abgesperrt." (Quelle: H. v. Barth: Aus den Nördlichen Kalkalpen)

INSIDERTIPP: Spaziergang in das Almdorf Eng.

Den Großparkplatz nach Südwesten auf geteertem Spazierweg Richtung Eng-Alm verlassend, können mehrere der uralten, knorrigen Bergahorn-Bäume bewundert werden. Ihr Alter datiert auf 300 – 600 Jahre. Im Talgrund der Eng und auf den höher liegenden Wiesenflächen wird Almwirtschaft betrieben. Almwirtschaft bedeutet "Landwirtschaft in der Vertikalen", wie es auf einer der zahlreichen Infotafeln am Wegesrand bildhaft beschrieben wird. Damit soll ausgedrückt werden, wie beschwerlich sich die Bewirtschaftung der teilweise sehr steilen Almwiesen gestaltet. Die waldfreien Bereiche oberhalb der Baumgrenze wurden schon immer als Weidegründe genutzt. Durch Rodung wurde in den Alpen die Baumgrenze teilweise bis zu 300 Höhenmeter nach unten verlegt. Hoch oben liegen im oft steilen Gelände die Schafalmen, darunter die Galtviehalmen (Galtvieh = weibliche Rinder bis zur ersten Abkalbung sowie Jungstiere und Ochsen unter zwei Jahren). Zur Almwirtschaft gehört auch die Käseherstellung. Empfohlen seien ein Besuch der Schaukäserei im

Almdorf sowie ein gemütlicher Spaziergang zwischen den malerischen, alten Almbauernhöfen. Im Almladen kann man vor Ort hergestellten Käse erwerben.

Wer die Eng in größtmöglicher Einsamkeit genießen möchte wählt zum Besuch erstens einen Wochentag und zweitens einen Tag ohne Kaiserwetter. Auch in Grau hat die Eng ihren Reiz. Unser persönliches Eng-Highlight war ein Tag im Hochsommer. Wir waren auf Recherchetour für mein Buch "Geotrekking Zugspitzland" (Bergverlag Rother). Die Eng platzte aus allen Nähten. Ein Nachmittagsgewitter leerte den Großparkplatz. Da wir vorhatten dort (nicht ganz legal ...) in unserem Land Rover zu übernachten, suchten wir uns im Hagelsturm ein ruhiges Eckchen und zogen uns mit gerade gekauftem Enger Almkäse, Speck und einer Flasche Rotwein in den Landy zurück. Die Flasche war noch nicht geleert, als das Gewitter, so schnell wie es gekommen war, abzog und die Sonne das Tal erstrahlte. Wir hatten es für uns alleine, so wie auch in der ganzen Nacht, in der wir den sagenhaften, kristallklaren Sternenhimmel bewunderten.

Etwas Einsamkeit findet sich auch an den zahlreichen Wanderparkplätzen im Risstal, die teilweise Zugang zum Rissbach bieten, wo Wasserpritschln für die Kleinen oder Stoamanndlbauen angesagt ist. Denke an Autan o. Ä., gerade an schwül-heißen Sommertagen sind die Bremsen eine wirkliche Plage.

Wir verlassen die schöne Eng auf demselben Weg, auf dem wir gekommen waren. An der uns bereits bekannten Isarbrücke in Vorderriss biegen wir diesmal nach links ab GPS 02_04 N 47° 33.573' E 11° 26.184' und überqueren den Gebirgsfluss, der in geringen Mengen Gold führen soll, wie römische Münzen mit der Prägung "EX AURO ISARUM" [Aus dem Gold der Isar.] belegen. Die Goldführung ist allerdings so gering, dass in jedem bürgerlichen Beruf deutlich mehr Geld zu verdienen ist. Und Geld brauchen wir gleich hinter der Isarbrücke am Mauthäuschen. 4 € kostet die Tageskarte, die die Nutzung der dem Fort gehörenden Straße nach Wallgau gestattet. Schön ist es hier und wieder macht sich ein Gefühl von Klein-Canada breit. Nach 13 km herrlicher Natur treffen wir im Magdalena-Neuner-Dorf Wallgau auf die B 11 GPS 02_07 N 47° 31.606' E 11° 17.065', die uns nach rechts (Norden) einbiegend nach weiteren 5 km an das Südufer des Walchensees leitet. Hier GPS 02_08 N 47° 34.189' E 11° 18.111' biegen wir nach rechts in die Jachenau ab. Am Mauthäuschen zeigen wir unsere in Vorderriss bereits erworbene Tageskarte, diese gilt auch für die Walchensee-Süduferstraße. Über zahlreiche Parkplätze besteht hier Zugang zum See und im Sommer bietet sich ein Sprung ins meist recht kalte Walchenseewasser an.

Wenn das Zeiteisen auf Vollendung des Alpentriathlons pocht setzen wir unsere Fahrt nach Osten fort. Wir verabschieden uns in Niedernach vom schönen Walchensee. Der Weiterweg leitet uns in die abseits der Hauptverkehrsstraßen gelegene Jachenau. Grünland-/Milch- und Holzwirtschaft bestimmten hier seit Jahrhunderten das Leben, bis der Tourismus die Federführung übernahm http://www.jachenau.de/ . Knapp 20 km misst die Genussfahrt, bis uns südlich Lenggries wieder die B 13 empfängt und zurück nach Bad Tölz, dem Ausgangspunkt des Alpentriathlons leitet.

Was dieser Tour an Off Road fehlte glich die grandiose Landschaft aus. Gerade an einem freien (Nachmit-)Tag unter der Woche lädt die Gegend zu einem Besuch ein. Dieser muss nicht bis in die hinterste Eng führen. Auch auf der Mautstraße zwischen Wallgau und Vorderriss und besonders am Südufer des Walchensees finden sich idyllische Plätze zum Entspannen. Le Camion dient dabei nicht mit seiner Off Road-Tauglichkeit sondern mit seiner Infrastruktur als Expeditionsmobil. Ein weiterer großer Mosaikstein, der unsere Lebenseinstellung "Off Road" ermöglicht.

Tour 3: Zum steilsten Sträßchen Südtirols.

Route (ca. 360 km): Innsbruck – Brenner – Penser Joch – Rafensteiner Bergsträßchen – Mendelpass mit Penegal – Gampen Joch – Jaufenpass – Zirogalm mit Enzian Hütte – Brenner – Innsbruck

Unsere diesmalige Tour beginnt und endet in Innsbruck, der Hauptstadt Tirols. Von Garmisch-Partenkirchen aus erreichen wir Innsbruck in einer knappen Stunde über Mittenwald, Seefeld und den Zirler Berg. Innsbruck ist für uns eine Art "Tor in den Urlaub". Spätestens hier machen sich Urlaubsgefühle breit und dem Alltag zuhause wird der Rücken gekehrt. Eines unserer Lieblings-Nahziele ist die Region um Bozen in Südtirol, die reich an Sehenswürdigkeiten und fahrtechnischen Schmankerln ist. Zwei Tage stehen uns zu Verfügung. Ziel und Höhepunkt der 4x4-Reise soll die Rafensteiner Bergstraße sein. Nicht nur "klein und fein" sondern auch "steil und geil" ist diese! Ein Kleinststräßchen, das sich gefühlt "senkrecht" durch Weinberge windet und die steilste, öffentlich befahrbare Straße Südtirols darstellt. Mit unserem Landy hatten wir die Straße schon zweimal (in Untersetzung) bezwungen. Der Motor des Briten war allerdings zu schwach, um im 1. Straßen-Gang bei dieser Steigung anzufahren, es sei denn, man hätte die Kupplung zum Glühen gebracht. Le Camion verfügt über deutlich mehr PS, doch ich wollte austesten, ob er a) den Steigungstest in Straßenübersetzung packt und b) dies vielleicht sogar mit nur Hinterradantrieb. Meine Befürchtung, die Räder würden aufgrund des leichten

Hecks die Motorkraft nicht auf die Straße übertragen können, schwangen in den Überlegungen zur Reiseplanung mit. Ich war unglaublich gespannt, wie sich Le Camion schlagen würde.

Mit diesen und ähnlichen Gedanken machen wir uns Mitte Mai 2015 auf den Weg. Da wir keine Vignette (vulgo "Pickerl") für die österreichischen Autobahnen besitzen, sind wir am Auslauf der Zirler-Berg-Straße, diese ist hier überbreit ausgebaut und man bringt jede Menge Schwung von der steilen Abfahrt mit, sehr aufmerksam, um die letzte Ausfahrt vor der mautpflichtigen Autobahn nicht zu verpassen GPS 03_01 N 47° 16.231' E 11° 15.477'. Die B 171 über Kematen leitet uns kostenlos in die Inntalmetropole. Das Straßennavi ist auf "Brennero" programmiert, ausländische Orte kennt es nämlich nur in der Landessprache, deshalb wäre ich mit der Eingabe "Brenner" gescheitert. In den Navigationseinstellungen stelle ich mautpflichtige Straßen auf "Vermeidung", denn wir wollen über die Alte Brennerstraße (Brenner-Bundesstraße) fahren GPS 03_02 N 47° 15.216' E 11° 23.948'. Mit Pickerl und zusätzlicher Maut wäre der Brenner von Zirl aus in einer guten halben Stunde bezwungen, doch wer Zeit hat, dem sei die unschwer zu befahrende Strecke über die alte Brenner-Bundesstraße empfohlen. Aber Vorsicht. Fahr' vorausschauend! Waghalsige Motorradfahrer können urplötzlich in den Kurven auftauchen und die Gendarmerie blitzt gerne an den vielen, geschwindigkeitsbeschränkten Streckenabschnitten. Rechne auch mit einer Laser-Kontrolle keine zwei Kilometer hinter der letzten. Einmal (Osterwochenende) erlebten wir drei

Geschwindigkeitsmessungen zwischen Wolf und dem Berg Isel! Das Blitzen scheint hier die Geldeintreibungs-Variante der Brennermaut oben auf der A 13 zu sein.

Die Ortsdurchfahrten von Matrei und Steinach stimmen uns auf den südtiroler Baustil ein. Die sanften Kurven der Bergstrecke schaukeln uns in den Links-Rechts-Rhythmus der bevorstehenden Passfahrten. Gemütlich wird die Passhöhe am Brenner erreicht. Freundin oder Frau, v. a. aber pubertierende Töchter, werden hier bestimmt auf einen Stopp am Outletcenter GPS 03_03 N 47° 00.340' E 11° 30.349' plädieren http://www.outletcenterbrenner.com . Hier gibt's auch saubere Toiletten. Abgesehen von modegeprägten Einkaufs-Überlegungen bietet sich am Brenner eine gute Möglichkeit landestypische Lebensmittel günstig zu erwerben. Nämlich in der Filiale der Discounterkette €urospin http://www.eurospin.it am südlichen Ortsausgang GPS 03_04 N 47° 00.007' E 11° 30.155'. Hier kaufen wir unseren Reiseproviant für die nächsten beiden Tage. Am Brennerpass findet außerdem nahezu unbemerkt die Grenzüberschreitung von Österreich (Tirol) nach Italien (Südtirol) statt.

INFO: Brennerpass (it. Brennero)

Der nur 1370 m über dem Meeresspiegel gelegene Brennerpass ist eine der wichtigsten Nord-Süd-Verbindungen des Alpenraumes. Der ganzjährig geöffnete Pass ist ein Teil der römischen "Via Raetia", die Verona und Augsburg verband. Sie datiert auf die Regentschaft von Kaiser Septimus Severus im 2. Jhdt. n. Chr. . Über den Brennerpass und Innsbruck führte sie über den Seefelder Sattel nach Partenkirchen (Partanum) und schließlich nach Augsburg (Augusta Vindelicorum). Sie nahm der "Via Claudia Augusta" (Fernpassstraße - siehe Tour 5!) die Bedeutung, denn in nur 430 anstatt 500 km wurde Augsburg erreicht. Das entsprach einer Ersparnis von 2-3 Tagesetappen. Sie begründete den Brenner als den meistgenutzten Alpenübergang in den Ostalpen.

Der Autotourist kann zwischen zwei Routen wählen. Der mautpflichtigen Brennerautobahn A 13 (Neben der Vignette wird eine zusätzliche Maut von 9 € - Stand 2015 - erhoben. Siehe auch http://www.asfinag.at/maut/sonder-und-videomaut *!) oder der "Alten Brennerstraße". Diese verlangt ein deutliches Mehr an Zeitaufwand. Mehrere Ortsdurchfahrten und eine teilweise Geschwindigkeitsbegrenzung auf 50 km/h sind dafür verantwortlich.*

Ein bautechnisches Schmankerl ist die Europabrücke, Eröffnung 1963. Sie ist das Kernstück der A 13. Mit 190 m über Grund war sie zum Zeitpunkt ihrer Fertigstellung die höchste Balkenbrücke Europas. Sie ruht auf fünf Stahlbetonpfeilern. Die Brücke selbst ist insgesamt 820 m lang. 22 Menschen verloren beim Bau ihr Leben. An der "Sage", sie seien in den Pfeilern abgestürzt und dort, weil man sie angeblich aus statischen Gründen nicht bergen konnte, einbetoniert worden, ist nichts dran. Ein guter Fotospot ist von der denkmalgeschützten Kapelle am Autobahnparkplatz aus. Dort findet sich auch ein originales Straßenstück der römischen Via Raetia.

Schnell verlassen wir nach dem Versorgungsstopp die unansehnliche Passhöhe des Brenners. Vieles wirkt hier sehr morbid. Hinab nach Sterzing geht es schnell über die gutausgebaute Südrampe des Brennerpasses. Schon erreichen wir den Ort am Fuße des Alpenübergangs. Wir folgen, uns immer auf der Hauptstraße haltend, den braunen Straßenschildern, die "Jaufenpass", "Penser Joch" und "Burg Reifenstein" bezeichnen. Gleich hinter der Autobahnunterführung im Südwesten des Ortes biegen wir nach links in die Nordrampe des Penser Jochs ein GPS 03_05 N 46° 53.221' E 11° 25.637', über welches wir das Sarntal erreichen und nach Bozen gelangen werden.

Die Penser-Joch-Straße (SS 508) beginnt hier im Südwesten Sterzings. Burg Reifenstein, eine der besterhaltensten Südtirols, grüßt im Vorbeifahren. Die Steigung ist mäßig, die Passstraße flüssig zu befahren. Im Bergwald gewinnen wir windungsreich schnell an Höhe. Eine markante Felsformation mit überhängenden Felsvorsprüngen will zum Fotostopp verleiten, doch Anhalten geht an dieser Stelle leider nicht. Das Gehirn speichert einen Screenshot. An der abnehmenden Vegetation erahnen wir die Höhe, in die wir uns in der Zwischenzeit empor schraubten. Ein Blick auf das GPS gibt Aufschluss. 2000 m NHN sind bereits überschritten. So wird überraschend zügig die Scheitelhöhe mit dem

Berggasthof "Alpenrose", wie sollte er anders heißen ..., von uns erreicht. Ein Stopp zur Gipfelschau ist ein Muss. Eine Smartphone-App hilft uns bei der Gipfelbestimmung. Ich empfehle https://play.google.com/store/apps/details?id=org.peakfinder.area.alps . 3,39 €, die gut investiert sind. Die App funktioniert über das GPS des Smartphones auch im Offline-Modus. So findest Du auf der Scheitelhöhe des Penser Jochs das Zuckerhütl in den Stubaier Alpen oder den Hochfeiler in den Zillertalern. Spätestens jetzt bekommt auch der Feldstecher, wohlweißlich im Handschuhfach mitgenommen, seinen ersten Einsatz. Wir blicken nach Süden. Die südtiroler Berge senden ein "Willkommen im Urlaub!".

INFO: Penser Joch (it. Pso. di Pennes)

Das Penser Joch führt über 67 km von Sterzing nach Bozen und ist somit 4 km kürzer als die Eisacktal-Route. Allerdings nimmt sie den vertikalen Umweg auf 2215 m NHN und fordert dementsprechend einen größeren Zeitaufwand. Besonders die Abfahrt von der Passhöhe durch das Sarntal nach Bozen zieht sich und will 1953 Höhenmeter überwunden sehen! Informiere Dich vor Reiseantritt über die Dauer der Wintersperre, z. B. unter http://www.suedtirol.com/verkehr/berg-paesse .

Die Abfahrt von der Scheitelhöhe des Passes nach Bozen zieht sich, wie bereits angedeutet. Im unteren Sarntal wird dieses immer enger. Hoch ragen Porphyrwände auf und bilden eine Schlucht. Die Straße flüchtet sich in mittlerweile über 20 Tunnels, einige davon sind nur spärlich beleuchtet. Neue Tunnels sind im Bau. Am Ende des Tales findet der Übergang in eine nahezu andere Welt statt. Denzel spricht vom Wechsel "aus dem Ernsten in das Liebliche". Wir können diesen noch nicht mental nachvollziehen, denn wie lieblich wird der Empfang für Le Camion in der mit 30 % Steigung steilsten und kühnsten Bergstraße Südtirols sein? Diese steht heute noch auf der Agenda, bevor wir in Egna (dt. Neumarkt) Freunde treffen und gemeinsam grillen wollen.

Unser Anreisetag soll also mit der Befahrung des Rafensteiner Bergsträßchens gekrönt werden. Denzel ehrt es in seinem Großen Alpenstraßenführer mit den Worten "Es ist mit seiner Trassenführung das wohl kühnste und wegen seiner Steilheit das schwierigste, öffentlich zugelassene Bergsträßchen Südtirols! Die Dauersteigung beträgt 30 %, die Fahrbahnbreite nur 2 m." Denzel warnt weitergehend, dass das Sträßchen nur etwas für "besonders geübte Bergfahrer" sei.

"Bin ich ein besonders geübter Bergfahrer?" und bitte "Was macht einen geübten Bergfahrer aus?" Nun, ich bin in den Bergen aufgewachsen und seit frühester Jugend mit nahen Felswänden auf der einen Straßenseite und tiefen Abgründen auf der anderen vertraut. Zahlreiche meiner Fahrstunden zum Erhalt des Führerscheines führten über den "Ettaler Berg". Das

Bergfahren ist mir sozusagen in die fahrerische Wiege gelegt. Mit meinem Land Rover Defender bezwang ich die meisten der großen Alpenpässe, auch knifflige Fahraufgaben, wie die seiner Zeit noch befahrbare Ligurische Grenzkammstraße, gehören zu meinem Bergfahrten-Portfolio. Ich halte mich also für einen "besonders geübten Bergfahrer". Was muss ein solcher können? Nun, ein versierter Bergfahrer sollte als Grundvoraussetzung mit schmalen Straßen klarkommen und sich nicht darum scheren, ob es neben dieser ein paar hundert Meter in die Tiefe geht oder ob sich die Trasse an eine steile, schroffe Felswand schmiegt. Dass ein geübter Bergfahrer Feingefühl in Kupplungs- und Gasfuß mitbringen muss und das "Anfahren am Berg" auch bei glitschiger und/oder besonders steiler Straße wie im Schlaf beherrschen muss, sollte eine Selbstverständlichkeit sein. Ähnliches gilt auch für Bergabfahrten. Der Geübte weiß mittels Gangschaltung die Motorbremse zu nutzen und kann auch, wenn dies nötig wird, rückwärts am Berg anfahren. Kurven mit engen Radien, die Möglicherweise auch Reversieren fordern, sind für den erfahrenen Passpiloten kein Problem. Den guten Bergfahrer zeichnet überdies eine vorausschauende, höchst defensive Fahrweise aus. Die eigene Sicherheit steht immer an erster Stelle. Er ist mutig, aber nicht übermütig und schon gar nicht tollkühn. Wer über diese Voraussetzungen verfügt kann sich an das Rafensteiner Bergsträßchen wagen.

Das Rafensteiner Bergsträßchen im Norden Bozens und der Ausmündung des Sarntales gelegen, verbindet die Sarntalstraße mit der Afinger Straße. Es ist etwa 3 km lang und mit den bereits angesprochenen 30 % Steigung sehr, sehr steil. Die Schwierigkeit beginnt schon mit dem Auffinden des Sträßchens. Es liegt knapp nördlich der Jenesier-Seilbahnstation und ist mit "Rafensteiner Weg" (it. Via Rafenstein) beschildert GPS 03_06 N 46° 30.851' E 11° 21.181'. Schnell beginnt die Steigung, entsprechend frühzeitig lege ich den 1. Gang ein. Noch verzichte ich auf den Vierradantrieb und muss überrascht aber zufrieden feststellen, dass die Hinterräder genug Gripp zur Straße aufbauen, die rau geteert bzw. betoniert ist. Die Steilheit der Straße machen Le Camion und mir nichts aus, was Besorgnis erregend ist, ist allerdings die Straßenbreite. Diese reicht mit ihren 2,10 m gerade für ein Fahrzeug. Was tun bei Gegenverkehr? Die Ausweichstellen sind äußerst spärlich gesät. Noch vor Erreichen der Ruine Rafenstein, die etwa auf zwei Drittel der Strecke liegt, hier auch der "Schlosswirt" GPS 03_07 N 46° 31.532' E 11° 21.386', befinden sich zwei der drei Schlüsselstellen. Das Sträßchen verläuft hier zunächst tief eingeschnitten in Weinbergen in einer Art Kanal. Ausweichen unmöglich! Hoffentlich kommt jetzt kein Auto entgegen. Die steile Engstelle wird von Le Camion gemeistert. Zum Durchatmen ist keine Zeit, unter der Rafenstein wartet die zweite Schlüsselstelle. Eine S-Kurve, die mit Schwung genommen werden muss, hält einen der steilsten Straßenabschnitte parat. Dann ist der Schlosswirt erreicht. Hier ist genug Platz zum Ausweichen oder Parken. Jetzt ist auch Zeit zum Durchatmen. Ich addiere im Geiste: Le Camion verfügt über genug Motorpower die Rafensteiner in 2x4 zu meistern. Die Traktion der Hinterachse, zumindest jetzt bei trockenen Straßenverhältnissen ist gewährleistet.

Beruhigt und fest entschlossen nehmen wir den letzten Kilometer unter die Reifen.

Wir halten uns geradeaus nach Nordwesten. Das Sträßchen verläuft jetzt im Wald und ist so eng, dass Le Camion die komplette Straßenbreite ausfüllt. Die 30 % Steigung sind allgegenwärtig, Ausweichstellen dagegen nur spärlich gesät. Aus dem Dunkel des Waldes kommt mir ein Auto entgegen. Wie es der Zufall will kann ich genau an dieser Stelle ein paar Meter zurückstoßen, in einen abzweigenden Feldweg einbiegen und den Gegenverkehr passieren lassen. Freundlich bedankt sich der Fahrer mit einem Gruß. Ich löse die kurzzeitig angezogene Handbremse und fahre im 1. Gang auf das Sträßchen zurück. Und hier passiert es. Die beiden Antriebsräder der Hinterachse verlieren die Bodenhaftung und drehen durch. Ich nehme Gas zurück, um sie Gripp finden zu lassen und bringe dann den Motor langsam aus dem Drehzahlkeller wieder auf Touren, immer darauf achtend, der Hinterachse nicht zu viel Kraft zukommen zu lassen. Dem starken Triebwerk des Le Camion sei Dank gewinne ich trotz 30 % Steigung wieder an Drehzahlen und Vortriebsschwung. Noch ein paar enge Kurven, dann wird die Rafensteiner flacher. Als Schotterstraße läuft sie nun nahezu eben zur breiten und geteerten Afinger Straße aus. Hier GPS 03_08 N 46° 31.883' E 11° 20.867' wenden wir und beginnen mit der Abfahrt, die nicht weniger Aufmerksamkeit als die Auffahrt fordert. Ich lege, um nicht ständig auf der Bremse stehen zu müssen, jetzt die Untersetzung ein. Die Motorbremswirkung des 2. Ganges reicht vollkommen aus Le Camion kontrolliert zu Tal zu lenken.

Angekommen an der Ruine Rafenstein gönnen wir der Maschine einen Stopp und uns zudem ein kaltes Bier aus der Kühlbox. Die Aussicht ist herrlich und wir feiern das Bezwingen der fahrtechnischen Herausforderung. Die restliche Abfahrt durch die steile S-Kurve und den Weinbergkanal verläuft problemlos im 3. Gang Untersetzung, die ich kurz vor Erreichen der Sarntalstraße wieder zu Gunsten von 2x4 ausschalte. Durch das pulsierende Bozen fahren wir im zu Ende gehenden Nachmittag nach Egna (dt. Neumarkt), wo wir den Abend grillend mit Freunden verbringen. Dabei kommt erstmals ein Einweggrill zum Einsatz, denn ich möchte im Auto keinen rußigen Grillrost transportieren müssen. Der kleine Grill macht sich prima und wir beschließen diese einfache Grilltechnik ins Le Camion-Programm aufzunehmen. Die Glut ist verblüffend schnell mit dem mitgelieferten Paraffinpapier entzündet und hält lange. Wir hätten nicht nur für uns Vier sondern locker für eine kleine Schulklasse grillen können. Beim Austausch von Neuigkeiten und vielen Reise- und Dieselgesprächen verfliegt die Zeit. Kurz vor Mitternacht kuscheln wir uns in Le Camion in unsere Schlafsäcke, als dicke Regentropfen ein Gewitter ankündigen und uns mit Tropfentrommeln in den Schlaf wiegen.

INSIDERTIPP: Ötzi - der Mann aus dem Eis.

Wahrscheinlich über 5000 Jahre ist er alt. Der "Ötzi". Die Mumie aus dem Eis. Sein Fund begann als vermutete Leichenbergung eines neuzeitlichen

Bergsteigers. Viel zu spät erkannte man den wahren Wert des Fundes und sein Alter. Ausgestellt ist die Mumie im Südtiroler Archäologiemuseum in Bozen, das unbedingt einen Besuch wert ist und für die ganze Familie einen lehrreichen und unterhaltsamen Aufenthalt garantiert http://www.iceman.it/de .

Der nächste Morgen weckt uns mit blauem Himmel. Die Gewitter der Nacht reinigten die Luft, die jetzt nach Frühlingsblumen duftet. Über Kaltern (it. Caldaro) fahren wir nach Eppan (it. Appiano), um dort dem Maxi-Mode-Center GPS 03_09 N 46° 26.438' E 11° 15.609' http://www.maximodecenter.it/ einen Besuch abzustatten. Hier findet man schöne und preiswerte italienische Mode, im Erdgeschoss des Centers ist ein Supermarkt untergebracht, wo wir unseren Proviant aufstocken. Gegenüber dem Maxi-Mode-Center befindet sich der Einstieg in die Mendelpassstraße. Auf dieser beginnt unsere Heimreise und damit heißt es Abschied von der schönen Weinstraße zu nehmen.

INFO: Mendelpass (it. Pso. d. Mendola) und Penegal.

Die Strecke beginnt an der Weinstraße zwischen Kaltern und Eppan. Man kann jedoch auch von "Hoch"-Kaltern aus in die Passstraße einbiegen. Im unteren

Abschnitt ist sie großzügig ausgebaut und fährt sich chillig. Trotzdem bitte immer Vorsicht vor waghalsigen Motorradfahrern und noch waghalsigeren Pedalrittern, die selbstmörderisch in der Abfahrt die Kurven schneiden! Das schönste Teilstück der Passstraße ist das obere Drittel. Altösterreichische Straßenbaukünstler formatierten dieses in die senkrecht abfallende Mendelwand. Ein Straßenbautraum! Die Straße ist hier entsprechend schmal, doppelte Vorsicht und niedrige Geschwindigkeit sind dem verantwortungsbewussten Fahrer eine selbstverständliche Tugend. Fotos schießt der Beifahrer, Anhalten ist nicht möglich. Die Panoramen über das hügelige "Überetsch" und auf den schimmernden Kalterer See sind atemberaubend.

Wer den Mendelpass bezwingt, der sollte sich die Zeit nehmen, auch die Penegal-Gipfelstraße zu befahren. Der Gipfel des Penegals bietet neben dem Rittner Horn eines der großartigsten Panoramen in der Umgebung. 4 km Wegstrecke, nahezu einspurig, aber durchgehend geteert, sind zu investieren. Der Abzweig in die Penegalstraße ist kurz nach Überfahrung der Mendelhöhe rechts ausgeschildert GPS 03_10 N 46° 25.114' E 11° 12.246'. Am Ende der Straße warten mehrere Parkplatzterrassen [Wildes Campen ist hier leider verboten.], ein Hotel-Restaurant und ziemlich marode sonstige "Bauwerke", u. a. ein Aussichtsturm, der 2015 leider gesperrt war, dem morschen Zustand seiner Treppen Tribut zollend. Doch auch ohne den Aussichtsturm bietet sich ein wunderbares Panorama. Zeit lassen. Fernglas und das Smartphone mit dem "Peak Finder" bekommen Arbeit.

Nach ausgiebigen Weit- und Tiefblicken am Penegal kehren wir zum Mendelpass zurück und biegen nach rechts (Westen) in die Passstraße ein. Bergab geht es der Beschilderung folgend nach Fondo. Das Straßennavi ist auf Merano (dt. Meran) programmiert, das wir nach Überfahrung des unscheinbaren Gampen Jochs (Pso. d. Palade) erreichen wollen. Die Fahrt vom Mendelpass zum Gampen Joch gestaltet sich fahrtechnisch erholsam und landschaftlich abwechslungsreich. In der Abfahrt bieten sich uns schöne Panoramen hinab ins Etschtal, im unteren Bereich durchfahren wir dessen steile Talflanke mit Weinbergen und Obstgärten.

Meran, eine malerische Kleinstadt mit viel K. u. K.-Flair, lädt zu einer Mittagsrast und einem Bummel ein. Hier könnte man es länger aushalten, doch mein Dienstplan fordert die Fortsetzung der Heimreise ein. Zur Sicherheit und aus Bequemlichkeit füttern wir das Straßennavi mit dem Ziel Vipiteno (dt. Sterzing), gleichzeitig orientieren wir uns an den braunen Straßenschildern mit den Aufschriften "Passeier Tal", "Timmelsjoch" und "Jaufenpass". Die Fahrt ins Passeier Tal gestaltet sich sehr kurvenreich, die Höchstgeschwindigkeit ist meist auf 60 km/h begrenzt. Der Beifahrer kann sich an der rauen Tallandschaft und den vielen alten Bauernhäusern erfreuen, die Aufmerksamkeit des Fahrers wird zu 100 % von der Straße eingefordert. In Kurven kommen mir immer wieder selbstmörderische Motorradfahrer auf "meiner" Straßenseite entgegen. Mehrmals stockt mir das Blut in den Adern. Ab dem Dorf St. Leonhard, hier zweigt nach links (Westen) die Timmelsjochstraße ab (Siehe Tour

6!), beginnt der Anstieg zum Jaufenpass (it. Pso. di Monte Giovo) GPS 10_11 N 46° 48.532' E 11° 14.716'. Wohlweißlich sind wir in der "richtigen" Richtung unterwegs. Aufgrund schönerer Panoramen empfiehlt sich nämlich die Passüberquerung von Süd nach Nord, nicht anders herum. Die Straße ist verhältnismäßig schmal. Entgegenkommende Autos, die scheinbar Angst vor der Felswand oder dem Abgrund haben, je nach Straßenverlauf, drängen mich an den äußersten rechten Fahrbahnrand und zwingen zu einer höchst defensiven und, soweit kurventechnisch möglich, vorausschauenden Fahrweise. Und immer wieder sind es die waghalsigen Zweiradfahrer, ob motorisiert oder mit Muskelkraft unterwegs, die in todesmutiger Abfahrt urplötzlich in den Kurven auftauchen. Manche sehe ich im Geiste schon am Kühler des Le Camion kleben. Doch alles geht gut. Nach Überschreitung der Baumgrenze werden die Panoramen noch eindrucksvoller, auf den kargen Almwiesen blühen Krokusse, schneebedeckte Gipfel umrahmen die frühlingshafte Berglandschaft. Kurz vor der Passhöhe gönnen wir uns an einem Parkplatz eine Gipfelschau, oben am Pass selber ist uns der Betrieb zu groß. Man meint auf einem Töff-Treffen zu sein. Zigarettenrauch versaut die kristallklare Bergluft.

INFO: Jaufenpass (it. Pso. di Monte Giovo)

Der Jaufenpass (2099 m NHN) ist die Verbindung Innsbruck - Brenner - Meran und eine mögliche

Alternative, wenn sich im Eisacktal wieder einmal die Blechlawine staut. Die Landschaft ist abwechslungsreich, die Trasse gut ausgebaut.

Schotterstraßenfreunden sei ein Abstecher zur Kalcher Alm (1840 m NHN) nördlich der Scheitelhöhe empfohlen. Die Zufahrt in einer Kurve ist leicht zu übersehen. Das GPS hilft: GPS 03_12 N 46° 51.379' E 11° 20.590'. Das Sträßchen ist weitgehend flach und nur einspurig (mit Ausweichstellen) ausgebaut.

Die Abfahrt nach Sterzing unterbrechen wir mit einem Schotterstraßenabstecher zur Kalcher Alm. Der winterliche Skibetrieb ist hier vorbei, die Almaktivitäten des Sommers haben noch nicht begonnen. Herrliche Bergeinsamkeit umgibt uns GPS 03_13 N 46° 51.038' E 11° 19.309'.

In Sterzing befinden wir uns schon fast am Abschluss unserer Südtirolrunde. Wir wollen die Ausfahrt mit einem Abstecher zur Zirogalm und zur Enzianhütte krönen. 1762 m NHN liegt die Zirogalm hoch, die aus mehreren Gebäuden besteht und einem kleinen Almdorf gleicht. Bis hierher gelangen wir über eine zu drei Viertel geteerte, schmale Straße. Die Problematik ist, deren Einstieg zu finden. Dieser liegt direkt an der Brennerautobahn, knapp 2 km südlich von Brennerbad, GPS 03_14 N 46° 57.992' E 11° 28.056'. Die inoffizielle Hinweistafel (Zirogalm/Enzianhütte) ist leicht zu übersehen. Die einspurige Teerstraße geht in ihrem oberen Abschnitt in eine Schotterstraße über. Bis zur Zirogalm könnte sie weitgehend problemlos von PKWs befahren werden. Tiefer gelegte, spoilerträchtige Exemplare ausgenommen. Le Camion lächelt in Anbetracht der vor ihm liegenden Trasse.

An der Zirogalm erreichen wir ein wunderschönes Almgebiet und die Waldgrenze. Im Westen bieten sich uns Panoramen auf die Brenner-Grenzkammstraße, vor 20 Jahren noch öffentlich befahrbar und ein Highlight der 4x4-Szene. Ein Überansturm von Off-Road-Clubs mit Dutzenden von Fahrzeugen und einige schlimme Unfälle führten in den späten 90-ern zum Fahrverbot.

Zurück zur Zirogalm. Es bietet sich für uns die Möglichkeit auf die Enzianhütte (1894 m NHN) GPS 03_15 N 46° 58.252' E 11° 29.913' weiter zu fahren. Die Steigung hält sich in Grenzen. Die Trasse ist gut einspurig und geschottert. Ab und zu gilt es Auswaschungen oder große Steine zu überwinden. Für hochbeinige PKWs grenzwertig machbar, SUVs und mehr fühlen sich hier zuhause. An der Enzianhütte endet der befahrbare Weg.

Anmerkung: Der ehemalige Fahrweg zum Schlüsseljoch, Wegfortsetzung von der Enzian Hütte und damit der Übergang zum Pfitscher Tal ist seit 30 Jahren verfallen und nicht mehr für 4x4 befahrbar. Schusters Rappen oder Light-Enduros kommen durch.

Auch auf der Zirogalm hat der Almbetrieb noch nicht begonnen. Die Wiesen umschmeichelt ein weißer Hauch von Abertausenden von Krokussen. An der Zirogalm lege ich die Untersetzung ein. Nicht, dass die

Almstraße dies fordern würde, doch ich fahre lieber im 3. Gang 4x4 low als im 1. Gang (4x4 oder 2x4) high. Lieber immer noch eine Gangreserve nach unten. Bei einigen Auswaschungen unterhalb der Enzianhütte bin ich dann auch sehr froh, im "Kriechgang" die ruppigen Stellen meistern zu können. Noch wertvoller ist die Untersetzung in der Abfahrt. Die Motorbremse des 2. oder 3. Ganges reicht vollkommen aus, um Le Camion im Standgas unter Kontrolle zu halten ohne die Fußbremse einsetzen zu müssen. Materialschonender kann eine Bergabfahrt nicht sein.

Ein letztes Mal auf diesem Kurztrip kommen Campingtisch und Stühle an die frische Luft. Kaminwurzen, Bergkäse, Schüttelbrot und Essiggurken bilden ein einfaches aber wohlschmeckendes Abschlussmahl, das wir bei untergehender Sonne in vollkommener Bergeinsamkeit genießen. Penser Joch und Jaufenpass waren Höhepunkte im wahrsten Sinne des Wortes auf unserer Fahrt nach und von Südtirol. Der Panoramaberg Penegal legte uns die Welt zu Füßen. Das Rafensteiner Bergsträßchen testete die Bergtauglichkeit von Le Camion und Fahrer. Im Hier und Jetzt der Zirogalm lassen wir die vergangenen zwei Autoabenteuertage Revue passieren, denken an die schönen Grillstunden mit den Freunden in Egna und sind im Geiste schon bei der Planung der nächsten Alpentour, die auf der Fahrt nach Garmisch-Partenkirchen, das wir in der Dunkelheit erreichen, Form und Gestalt annimmt.

Tour 4: Um die Hochedergruppe.

Route (ca. 210 km): Kesselbergstraße – Zirler Berg – Axamer Lizum – Senderstal– Linsenstal – Kühtai-Sattel – Silzer Sattel – Telfs – Leutasch

Die Hochedergruppe ist den Stubaier Alpen gegen das Inntal im Norden vorgelagert. Unsere heutige Tour nimmt ihren Ausgangspunkt in Kochel am See GPS 04_01 N 47° 39.556' E 11° 22.089', das man von München kommend über die A 95 erreicht. Man nimmt dabei die Ausfahrt #9 "Sindelsdorf" und weiter über Benediktbeuern oder die Ausfahrt #10 "Murnau/Kochel" und erreicht dann den Ort am gleichnamigen See über Schlehdorf. Sowohl Benediktbeuern als auch Schlehdorf sind bekannt für ihr Kloster. Wir durchfahren Kochel auf der B 11 nach Süden und kommen am bekannten Walchenseekraftwerk vorbei. Dieses ist einen eigenen Ausflug wert. Es wurde schon 1924 in Betrieb genommen und ist eines der größten Hochdruck-Speicherkraftwerke in Deutschland https://de.wikipedia.org/wiki/Walchenseekraftwerk . Gleich nach Passieren des Walchenseekraftwerks beginnt, wegen ihrer Kurven und Panoramen, wohl eine der schönsten Bergstraßen der Nordalpen, die zum Walchensee hinauf leitende Kesselbergstraße.

INFO: Kesselbergstraße

Die Passhöhe zwischen Kochel- und Walchensee liegt auf nur 858 m NHN. In den Eiszeiten zwängte sich ein ca. 1400 m dicker Eisstrom, ein Seitenarm des Inntalgletschers, durch dieses Alpentor ins Vorland. Während der größten Ausdehnung reichten die Eismassen bis ca. 30 km nördlich von München! Etwa 9 km misst die Kesselbergstraße in der Länge und überwindet dabei einen Höhenunterschied von 240 m. Zahlreiche Kehren machen die Straße besonders für Zweiradfahrer höchst attraktiv, mehrere Aussichtsstellen erfreuen sich bei Touristen und Einheimischen gleichermaßen großer Beliebtheit. Illegale Rennen und häufig überhöhte Geschwindigkeit forderten schon zahlreiche Todesopfer bei der Biker-Fraktion. Die Konsequenzen waren entsprechend drastisch: Ein Bergauf-Fahrverbot für Motorradfahrer an Wochenenden und Feiertagen, generelles Überholverbot und eine Geschwindigkeitsbegrenzung auf 60 km/h. Bereits 1905 gab es schon offizielle Straßenrennen für Automobile und Krafträder auf der abwechslungsreichen Trasse.

Vier Kehren leiten uns hinter dem Sattel hinab zum Walchensee, einem wahren Bergsee-Idyll, in den Weiler Urfeld. Taucher und Surfer finden hier ihr El Dorado und mein Freund Jürgen, ein begeisterter Walchensee-Fan sagt immer: "Wenn ich den See seh', brauch' ich kein Meer mehr." An Sommerwochenenden herrscht hier

Hochbetrieb. Entlang des Westufers fahren wir durch einige Tunnels und Galerien, die die Straße des Winters vor Lawinen schützen. Früher besserten die wenigen Einwohner Urfelds ihr kärgliches Einkommen damit auf, im Winter Reisende von Urfeld nach Walchensee zu rudern, denn eine Benutzung der Straße war aufgrund der Lawinengefahr zu gefährlich. Wir müssen an diesem warmen Junitag im Jahr 2015 nicht mit Lawinen rechnen, auch nicht mit Blechlawinen, denn wir sind vorsorglich an einem Werktag unterwegs. Über das malerische Dörfchen Wallgau stoßen wir bei Krün auf die B 2, der wir in südlicher Richtung an Mittenwald vorbei folgen. In Scharnitz findet der Grenzübergang nach Tirol statt, die Weiterfahrt über Seefeld und den Zirler Berg (Siehe Tour 1!) ist für uns Garmischer ein Heimspiel. Spannend wird es erst für uns mit der Hoadlstraße in der Axamer Lizum.

Wie immer waren wir bei der Abfahrt vom Zirler Berg sehr aufmerksam, um die letzte Ausfahrt vor der pickerlpflichtigen Inntalautobahn bei Zirl nicht zu verpassen (Siehe Tour 3!). Südlich der Ortschaft Kematen, hier gabelt sich die Straße nach links in die Axamer Lizum und nach rechts ins Sellraintal nach Kühtai GPS 04_02 N 47° 14.904' E 11° 16.088', wählen wir zunächst die linke Variante, die uns in die Ortschaft Axams, herrlich auf einer Terrasse gelegen, bringt. Hier nimmt die Hoadlstraße ihren Ausgangspunkt. 8,5 km ist sie lang und endet im ehemaligen Olympia-Skigebiet Axamer Lizum. Aber nicht nur im Winter lockt dieses Wintersportler an, auch im Sommer ist die Axamer Lizum ein beliebtes Wandergebiet http://www.axamer-lizum.at/de/sommer/ . Mit nur vier Kehren überwindet die

Hoadlstraße den beachtlichen Höhenunterschied von 700 m, bei 1552 m NHN ist an einem Großparkplatz GPS 04_03 N 47° 11.828' E 11° 18.114' Schluss für den Autofahrer. Das Panorama auf die bizarren Kalkkögel ist beeindruckend.

Der Frühsommer oder das späte Frühjahr sind der ideale Zeitpunkt für eine Fahrt in die Lizum. Der Trubel der Wintersaison ist vorbei, der Schnee weitgehend geschmolzen und die Bergwandersaison hat noch nicht richtig begonnen. So sind wir heute, wie bereits erwähnt an einem Werktag, fast alleine auf weiter Flur. Nur einige wenige Mountainbiker beäugen uns neugierig im Vorbeifahren, als wir vor der herrlichen Kulisse der Kalkkögel unseren Brunch aufbauen. Michaela brät Spiegeleier und Speck, das frische Brot duftet herrlich. Unterwegs hatten wir einen Tagesproviant an Essen und Getränken gekauft. Wir lassen es uns schmecken und genießen das Bergpanorama. In der Nacht vorher hatte es heftige Gewitter gegeben. Jetzt scheint die Sonne und die Luft ist kristallklar. Das bizarre Relief der Kalkkögel mit seinen wirren Strukturen tritt überdeutlich hervor. Jedes Detail der wilden Felstürme ist zu bewundern. Man meint seinen Arm ausstrecken und sie greifen zu können, so klar und sauber ist die Luft. Der stahlblaue Himmel, die in der Sonne mit ihrem Schattenspiel kräftig leuchtenden Felsen, die frischgrünen Matten, unterbrochen von dunklen Latschen und Nadelbäumen, gleißend-weiße Schneefelder, die dem beginnenden Sommer noch trotzen, all das vermischt sich zu einer gewaltigen Naturkomposition.

So schön die Axamer Lizum ist, uns und Le Camion zieht es in Richtung Schotter. So verlassen wir das schöne Hochtal und biegen in Axams am Kreisverkehr nach links (Westen) in Richtung Sellraintal ab GPS 04_04 N 47° 13.865' E 11° 16.344'. In Pafnitz zweigt die 6 km lange Privatstraße GPS 04_05 N 47° 13.659' E 11° 15.469' in einem spitzen Winkel in das Senderstal zur Kemater Alm (1673 m NHN), schön unterhalb der Kalkkögel gelegen, ab. Das leicht zu übersehende, links von der L 12 abzweigende, anfänglich noch asphaltierte Sträßchen, ist mit "Sendersweg" und einem Hinweis auf die "Kemater Alm" beschildert. Nach den ersten 450 asphaltierten Metern präsentiert sich das Sträßchen als schmale, einspurige Schotterpiste. Le Camion und wir fühlen uns schlagartig besonders wohl. Dann kommen wir im Wald an eine Gruppe alter Häuser. "Hier wohnt bestimmt die Hexe!" kommentiere ich die düstere Ansiedlung. Gleich dahinter wird das Sträßchen erdig-schmierig. Wie bereits erwähnt hatte es in der Nacht zuvor heftig geregnet. Mehrere Traktoren schienen in der Zwischenzeit das Sträßchen befahren zu haben, denn die Bauern bringen zu dieser Jahreszeit in Anhängern ihr Vieh auf die Almen. Entsprechend tief haben sich an manchen Streckenabschnitten die grobstolligen Traktorreifen in den Naturbelag des Sendersweges gegraben. Ich lege vorsichtshalber den Vierradantrieb ein und komme gut durch. Für PKW wäre dieser Wegabschnitt, v. a. nach Regen, wohl nur mit großer Vor- und Umsicht zu befahren. Einmal stehen geblieben kann es sein, dass sich der Wagen festfährt. Auch für Zweiradfahrer kann es hier bei Nässe recht rutschig werden. Der nächtliche Starkregen sorgte zusätzlich für Auswaschungen, sodass ich sehr froh bin über die ordentliche Bodenfreiheit von Le Camion. Bei vorausschauender Fahrweise und guten Witterungsbedingungen ist das Sträßchen aber auch für PKW gut zu meistern.

Bei einem lustigen, pilzförmigen Holzhäuschen rechts des Weges verlassen wir den Wald auf eine Wiesenlichtung. Der Weguntergrund ist hier nicht mehr so schmierig, jedoch wartet eine neue fahrtechnische Herausforderung auf uns. Die Bauern müssen über Jahrhunderte Steine auf den Wiesen zusammengesammelt haben. Diese stapelten sie links und rechts des Sendersweges zu kleinen Mauern auf. Etwas zu eng für meinen Geschmack. Die üppigen Abmessungen von Le Camion machen nun Schwierigkeiten, besonders an den Stellen, wo das Sträßchen kleine Kurven beschreibt. Ein paar Mal wird es richtig eng und ich fürchte jeden Moment das unschöne Geräusch von Blech auf Stein zu hören. Hochkonzentriert meistere ich den Straßenabschnitt. Mit Überquerung des Sendersbaches erreichen wir eine moderne Forststraße, die deutlich breiter ist und einen gutgewalzten Schotteruntergrund aufweist. [Unsere Recherchen ergaben, dass diese Straße, die linker Hand (westlich) des Sendersbaches verläuft, ebenfalls in die L 12 mündet. Allerdings ist dieser Straßenabschnitt mit einem Tor verschlossen und mit Schloss und Kette versperrt. Wer zur Kemater Alm fahren möchte muss also über den oben beschriebenen, nicht unschwierigen Zubringerweg. Dessen heikelster Abschnitt beginnt bei den "Hexenhäusern". Die erdige Passage und die Strecke zwischen den Mauern misst ca. 800 m.]

Der Weiterweg zur Kemater Alm bietet keinerlei fahrtechnische Schwierigkeiten. So kann sich auch der Fahrer an dem wildromantischen Sendersbach erfreuen, der neben der Straße fließt. Almvieh, teilweise auf dem Fahrweg stehend, mustert uns mit großen, freundlichen Augen. Dann tauchen die Kalkkögel auf, die wir vorher von der Axamer Lizum aus bewunderten. Jetzt blicken wir von Westen auf sie. Der Schlusspunkt der Piste ist die Kemater Alm GPS 04_06 N 47° 10.661' E 11° 15.909', in einem herrlichen Almboden gelegen, überragt von den schroffen Kalkkögeln. Man kann die Gegend nur mit einem Wort beschreiben: "Wundervoll!"

Wir verlassen nach ausgiebigem Schauen das Senderstal nach einem erneuten Meistern des schwierigen Wegabschnittes zwischen den engstehenden Mauern und dem schmierigen Wegstück im Wald. Wieder einmal bewahrheitet sich, dass beim zweiten Mal alles leichter geht. Wenn man einmal zwischen den Mauern hindurch passte, dann auch ein zweites Mal. Wenn man einmal den ausgewaschenen, erdigen Abschnitt bergauf schaffte, dann sicher auch den Rückweg bergab. So fahren wir nun auf der L 12 Richtung Westen nach Sellrain, von hier aus nach links (Westen) Richtung Kühtai. In Gries im Sellrain begeben wir uns auf einen dritten Abstecher in die Stubaier Alpen, Einstieg nach links (Süden) vor dem Gasthof Altwirt bei GPS 04_07 N 47° 11.728' E 11° 09.357'. Das Linsenstal mit dem Gasthof Linsens (auch "Lüsens") (1634 m NHN) an seinem Ende ist unser Ziel. Das 8 km lange Sträßchen leitet im Talinneren zu ehemaligen Ausblicken auf den heute sehr geschrumpften Linsener Ferner, links von der Hohen Villerspitze (3087 m NHN), rechts vom Fernerkogel (3298 m NHN) flankiert. Die Strecke ist Genussfahren ohne fahrtechnische Schwierigkeiten, ist die Straße doch durchgehend asphaltiert. Etwa auf halber Strecke überwindet Le Camion geschmeidig mittels vier Serpentinen eine Stufe im Talgrund. Die 190 Pferde zwischen den Vorderrädern galoppieren fröhlich bergauf. Zu schauen gibt es viel, am meisten im Talschlussbereich bei dem Gasthof Lüsens GPS 04_08 N 47° 07.837' E 11° 08.272'. Vom Linsener Ferner ist vom Tal aus heute nichts mehr zu sehen. Er reicht nicht mehr über die Felskante herab, deren glatt geschliffene Strukturen noch von der einstigen Eisbedeckung Zeugnis ablegen. Unserem alpinen Fahrerlebnis tut dies jedoch keinen Abbruch.

Zurück im Sellraintal halten wir uns links (westlich), über St. Sigmund erreichen wir mit nur einer einzigen Kehre den Kühtaisattel (2017 m NHN). Die teilweise in Lawinengalerien verlaufende Straße orientiert sich ansonsten an dem von der Natur vorgezeichneten Verlauf. Früher war das Kühtai der Jagdsitz der Tiroler Landesfürsten und bevorzugtes Jagdgebiet Kaiser Maximilians. Heute ist die Ansiedlung ein in der Wintersaison pulsierender Hotelort. Wie auch die Axamer Lizum ist das Kühtai im Sommer ein beliebter Ausgangsort für Wanderungen, der mit seinen blühenden (Alpenrosen) Matten einen eigenen Reiz ausstrahlt. http://www.kuehtai.info/ . Als Kind war ich oft im Kühtai zum Skifahren. Für mich ist es immer wieder ein spannender Moment Orte der Kindheit wiederzusehen. Manches ist noch so wie in der Erinnerung. Viel Neues kam dazu. Das "Hotel-Nest" der späten 70er Jahre, das ich kannte, mauserte sich zu einem Hotelort mit fragwürdigem Sölden-Flair. Hier gibt es für uns nichts zu tun. Von Kühtai aus könnte man auf 17,5 km Strecke 1200 Höhenmeter hinab ins Ötztal abfahren. Wir genießen den landschaftlich mit am schönsten sich darbietenden Abschnitt des Nedertales zwischen dem Speicher Längental und Ochsengarten. Kurz vor Ochsengarten, gleich hinter der rechts neben der Straße stehenden Volksschule mit ihrem auffälligen "Holzochsen-Klettergerüst" für die Schulkinder, biegen wir nach rechts in die Straße auf den Silzer Sattel (1685 m NHN) ein GPS 04_09 N 47° 13.718' E 10° 56.470'. Dieser ist nach nur 150 Höhenmetern erreicht. Dann geht es um die 1000 Höhenmeter panoramenreich hinab ins Inntal. Die Straße ist überraschend gut ausgebaut, so dass auch der Fahrer den einen oder anderen Blick in das Oberinntal, zum Simmering und zur Mieminger Kette wagen kann.

Im Tal bei Haiming stoßen wir auf die Inntal B 171. Wir halten uns rechts (ostwärts) und erreichen die Kleinstadt Telfs, die mit ihrem Inntalcenter zu einem Shoppingbummel lockt http://www.inntalcenter-telfs.at/ GPS 04_10 N 47° 18.288' E 11° 04.256'.

Wir verlassen Telfs nach Osten auf der B 171 und beginnen vor den Liebherr-Werken links am Kreisverkehr abbiegend GPS 04_11 N 47° 18.753' E 11° 06.115' den Anstieg hinauf in die Kalkalpen. An der Straßengabelung GPS 04_12 N 47° 19.005' E 11° 07.136' entscheiden wir uns gegen die Weiterfahrt nach Seefeld (rechts) zu Gunsten der Fahrt in das schöne Leutaschtal (links), das wir bei dem Weiler Platzl erreichen. Die Leutasch ist ein malerisches Seitental des Isartales, in das sie bei Mittenwald einmündet http://www.leutasch.at/ und ein würdiger Abschluss unserer erlebnis- und panoramenreichen Tirolrunde. Bei Mittenwald erreichen wir wieder die B 2 und schließen den Kreis, den wir vom Walchensee kommend heute morgen begonnen hatten.

INSIDERTIPP: Besuch der Geisterklamm.

Die "Leutaschklamm" im bayerisch-Tirolerischen Grenzgebiet bei Mittenwald wurde 2006 unter hohem finanziellen Aufwand (1,4 Mio. €) mit einer fast einen Kilometer langen Stahlsteiganlage erschlossen. Das familienfreundliche Geo-Paradies wird seitdem als "Geisterklamm" touristisch vermarktet http://www.leutascher-geisterklamm.at/ .

[Anmerkung des Autors: Ich bin bemüht, die Erlebnisse unserer Reisen in meinen Büchern 1:1 wiederzugeben. Nur sehr selten weiche ich von diesem Anspruch ab. Bei der oben geschilderten Tour allerdings in zwei Punkten. Zunächst fand die beschriebene Anfahrt über die Kesselbergstraße bei Kochel nicht statt. Es macht keinen Sinn für uns in Garmisch Wohnende erst eine halbe Stunde nach Norden (Kochel) zu fahren, um dort in großem Bogen über Kesselberg und Walchensee nach Mittenwald zu kommen, das wir ansonsten in 20 Minuten von daheim aus erreichen können. Anders für Autotouristen, die z.

B. aus dem Großraum München kommen und diese Tour nachfahren wollen. Für diese bietet die Kesselbergstrecke einen reizvollen Einstieg. Mein Abdriften von der Wahrheit in diesem Fall bitte ich "dramaturgischen" Ansprüchen geschuldet zu entschuldigen. Die zweite Abweichung fand nach der Schotterfahrt auf die Kemater Alm statt. Die beschriebene Weiterfahrt nach Sellrain und Gries war zum Zeitpunkt unserer Fahrt aufgrund mehrerer Murenabgänge, die die Sellraintal-L 13 blockierten, nicht möglich. Die Straße wurde von den Behörden komplett gesperrt, Sellrain war nur über das Ötztal zu erreichen. Die Aufräumungsarbeiten waren bereits angelaufen, gemäß Verkehrsfunk würde die Sperrung einige Tage andauern.

Mir ist es ein Anliegen gerade den letztgenannten Punkt noch einmal aufzugreifen, zeigt er doch, wie schnell sich in den Bergen "über Nacht" etwas ändern kann. Eine harmlose Strecke wird bei Regen wegen beginnenden Steinschlags höchst gefährlich. Ein simples Sommergewitter, es gibt jedes Jahr tausende davon in den Alpen, lässt ein Bächlein zum reißenden Strom werden, der Straßen wegreißt oder verschüttet. Muren, die Lawinen des Sommers, sind mit ihren Schuttströmen eine ständige Bedrohung. Plane deshalb Deine Alpenfahrt nicht nur nach der Karte und (m)einem Führer, sondern in erster Linie nach der Wettervorhersage. Detaillierte Wetterinformationen für die Region, in der die in diesem Buch vorgestellten Touren liegen, bietet der Bergwetterbericht des Deutschen Alpenvereins http://www.alpenverein.de/DAV-Services/Bergwetter/ .]

Tour 5: Zu Almen und dem höchsten Berg Nordtirols.

Route (ca. 225 km): Fernpass – Pitztal – Landeck – Venetalm – Hahntennjoch – Reutte

Diese Eintagestour lässt sich als Einzeltour fahren, es bietet sich jedoch auch an sie (evt. in Teilstücken) in die An- oder Rückreise zu einem tiefer in den Alpen gelegenen Ziel zu integrieren. Wir fuhren sie als Einzeltour im Juni 2015, legten sie allerdings als Zweitagestour mit einer Übernachtung aus, um für die Recherchen genug Zeit zu haben und die Tour außerdem mit ein wenig "Erholungsurlaub-Charakter" zu versehen.

Einstieg in die Tour ist auch dieses Mal der Fernpass GPS 05_01 N 47° 22.018' E 10° 52.315'. Nach dessen Überquerung orientieren wir uns an der Beschilderung "Landeck" Richtung Südwesten. Schnell erreichen wir Imst. Die Kleinstadt verfügt über eine gute Infrastruktur, so überprüfen wir hier unseren Spritvorrat, denn im Pitztal ist die Tankstellendichte äußerst gering. Die letzte Tankmöglichkeit findet sich an dessen Eingang in Wenns. Auch unsere Lebensmittelvorräte müssen aufgestockt werden. Getränke, u. a. mein Favorit aus Kindertagen, der "Almdudler" - eine Kräuterlimonade, finden in der Kühlbox und dem Küchenblock von Le Camion ihren Platz. Regionale Wurst- und Käsesorten, Brot, Obst und Gemüse komplettieren unsere mobile Speisekammer. Für die nächsten 48 Stunden sind wir autark.

INFO: Der Fernpass oder ein antiker Wettbewerb zweier Alpenübergänge: Via Claudia versus Via Raetia.

Der Fernpass ist nur 1216 m hoch. Er entstand vor etwa 4100 Jahren durch einen gewaltigen Bergsturz, der das Tal zwischen den Bergflanken auffüllte. In diesem Bergsturzgelände liegen heute mehrere kristallklare Seen. Von einer Raststation nahe der Passhöhe öffnet sich nach Nordosten ein wunderbares Panorama auf das Wettersteinmassiv mit Deutschlands höchstem Gipfel, der Zugspitze (2.962 m). Die Fernpassstraße ist die moderne Variante der römischen Via Claudia Augusta. Zunächst war die Via Claudia Augusta die wichtigste Straße, die Norditalien mit Süddeutschland verband. Ihr Bau datiert auf 15 v. Chr. und geht auf keinen Geringeren als Kaiser Augustus zurück. Über den Reschenpass und den Fernpass erreichte sie die römischen Provinzen nördlich der Alpen. Die jüngere, etwas östlicher verlaufende Via Raetia von Verona nach Augsburg, verband die nördlich der Alpen gelegene Provinz Raetien mit Nord-Italien und datiert auf die Regentschaft von Kaiser Septimus Severus im 2. Jhdt. n. Chr. . Über den Brennerpass und Innsbruck führte sie über den Seefelder Sattel nach Partenkirchen (Partanum) und schließlich nach Augsburg (Augusta Vindelicorum). Sie nahm der Via Claudia Augusta die Bedeutung, denn in nur 430 anstatt 500 km wurde Augsburg erreicht. Das entsprach einer Ersparnis von 2-3 Tagesetappen. Sie begründete den Brenner als den bis heute meistgenutzten Alpenübergang in den Ostalpen.

Bis hierher kenne ich die Straßen wie meine Hosentasche, im Pitztal werde ich Neuland betreten. Sicherheitshalber programmiere ich deshalb das Straßennavi mit "Mittelberg", der südlichsten Ansiedlung am Talschluss des Pitztales. Im Tal selber werde ich mich nicht verfahren, dort gibt es nur eine Straße. Aber das Imster Straßengewirr mit seinen Kreisverkehren und der Autobahnauffahrt hat es in sich. Hier ist schnell eine Abzweigung übersehen oder man biegt falsch ab. Also warum die Navitechnik nicht nutzen, wenn man sie schon hat. Am Imster Straßenknoten, einem großen Kreisverkehr, folgen wir der Beschilderung "Pitztal" und überqueren den Inn. Hier vollziehen wir auch den geologischen Übergang von den Nördlichen Kalkalpen in die Zentralalpen. Das Gestein wandelt sich von Kalken und Dolomiten zu dunklem Gneis GPS 05_02 N 47° 13.211' E 10° 45.360'. Im vorderen Pitztal schuf die Pitztaler Ache (auch "Pitze") eine unwegsame Schlucht, die wir panoramenreich in ihrem Westen zwischen Arzl und Wenns umfahren. Die umliegenden, kuppigen Grasberge geben der Landschaft einen lieblichen Touch. Anders ab Jerzens. Das Tal verengt sich hier, es wird düsterer. Fast gleicht die Landschaft einem langen, tiefen Graben mit steilen, bewaldeten Flanken. Nur ab und zu weitet sich der vom graublauen, eiskalten Gletscherbach Pitze durchflossene Talgrund und bietet Platz für kleine Weiler und Wiesenflächen, auf denen Kühe und Haflinger friedlich grasen. Zahlreiche Wasserfälle stürzen von den nahezu senkrechten Talflanken. Dort wo sie den Talgrund erreichen bauen sie gewaltige Schuttkegel auf. In Lawinenrinnen liegt noch Altschnee aus dem Winter - immer noch viele Meter hoch. Kaum auszumalen, welche Schneeinfernos sich hier allwinterlich abspielen müssen. Mehrere Tunnels und Lawinen-/Steinschlaggalerien, die wir nun durchfahren, legen stummes Zeugnis davon ab. Landschaftlicher Höhepunkt ist der Talschluss bei Mittelberg GPS 05_03 N 46° 57.472' E 10° 52.558' mit Aussicht auf den Weißkamm, der in der vergletscherten Wildspitze (3774 m NHN – höchster Berg Nordtirols) kulminiert. http://www.pitztal.com/de .

Zwischen dem Kreisverkehr in Imst und dem Talschluss bei Mittelberg liegen 38 km, die rund 1000 Höhenmeter in mehreren Talstufen überwinden. Fahrtechnisch bereitet die gutausgebaute Strecke keine Schwierigkeiten. Südlicher Endpunkt unserer Fahrt ist der in Terrassen angelegte Großparkplatz des "Pitz-Express", einer unterirdischen Standseilbahn, die Wintersportler zum Skigebiet am Pitztaler Gletscher befördert. Die auf 2840 m NHN liegende Bergstation mit Panoramarestaurant bietet mit der "Pitz Panoramabahn", einer Umlauf-Gondelbahn, Anschluss auf den Hinteren Brunnenkogel (3440 m NHN). Die beiden Bergbahnen verkehren auch im Sommer und ermöglichen es dem Besucher am Rand eines ausgedehnten Gletschergebietes stehen zu können.

Es ist Mitte Juni. Die Winter-Ski-Saison ist vorbei, die Sommer-Wander-Saison hat noch nicht begonnen. Die Bergbahnen sind außer Betrieb. Wir sind nahezu alleine. Die lieblichen Alpenrosen stehen in voller Blüte. In krassem Gegensatz dazu präsentieren sich die tosend zu Tal rauschenden Schmelzwassermassen, die von den schroffen Bergflanken im Süden unter dem Weißkamm in schmutzigen, grauen Wasserfällen herab stürzen. Auf ihrem Weg bewegen sie riesige Steinbrocken, die sie zu Monster-Knödeln rund schleifen. Das Bachbett gleicht einer Mondlandschaft.

Gewitterwolken verdunkeln jetzt, am späten Vormittag, den Himmel. Wir treten den Rückzug an und folgen wieder der Pitztal L 16 bis hinab in die Ortschaft Wenns. In Dorfmitte biegen wir in die L 17 ein GPS 05_04 N 47° 10.149' E 10° 43.847', die zunächst in südlicher, dann in südwestlicher Richtung hinab zur Reschenstraße im Inntal führt. Ausgeschildert ist der Ort "Piller". Die Straße verläuft durch einen Naturpark. Die Landschaft erinnert mit ihren Zirben (einer Kiefernart), Birken und Moosen an Skandinavien. Schön ist es hier und wer gerne wandert, der findet hier sein El Dorado. Doch wir können nur wenig von der Natur genießen, da uns die Gewitterwolken inzwischen einholen. Ein Wolkenbruch stürzt über uns herab. Das Wasser steht Zentimeter hoch auf der schmalen, knapp zweispurigen Straße. Im Starkregen erklimmt Le Camion den Sattel zwischen Pitz- und Kaunertal. Im Westen ist es heller und das Unwetter gibt kurz den Blick auf das Oberinntal hinab nach Prutz frei. Was für eine Aussicht. Wir parken Le Camion in einer Haltebucht und ziehen uns zur Brettljause "nach hinten" zurück. Unablässig trommelt der Gewitterguss auf das Hardtop und umgibt uns mit einer archaischen Geräuschkulisse. Dem Appetit tut dies keinen Abbruch und die Tiroler Spezialitäten, die wir in Imst eingekauft hatten, schmecken herrlich. Langsam lässt der Regen nach und die Wolken lichten sich. Wir beenden das Mittagsmahl und fahren über enge Serpentinen hinab ins Inntal. Das linker Hand (im Süden) liegende Kaunertal, das heute auch auf dem

Programm stand, werden wir wegen der mangelnden Sicht ein anderes Mal besuchen. Außerdem gilt es die Schneeschmelze abzuwarten, damit wir das blaue Gletschereis schimmern sehen können. Im Tal liegt die Ortschaft Prutz, dort werden wir gleich in die Reschenpassroute einbiegen. Sich hier rechts (nördlich) haltend erreichen wir schnell die Stadt Landeck.

Nach der reinen Teeretappe durch das Pitztal soll Le Camion nun Schotter unter die Reifen bekommen. Geplant ist die Fahrt auf die Venetalm auf 1985 m NHN. Ihr Ausgangspunkt liegt knapp 15 km weiter in Richtung Innsbruck in Imsterberg.

ACHTUNG: Das Sträßchen auf die Venetalm führt durch ein Jagdgebiet und darf aus Gründen des Wildschutzes nur zwischen 6. Juni und 1. Oktober befahren werden.

Ich programmiere das Straßennavi mit dem Ortsnamen "Imsterberg". Nach Verlassen der Inntal-Landstraße B 171 vor der Innbrücke von Mils bei Imst (Links der Straße liegt eine große Fabrikhalle von Handl-Speck!) wandelt sich die Straße zu einem Sträßchen GPS 05_05 N 47° 12.130' E 10° 40.350'. Schnell wird es bereits am Hangfuß steil und kurvig. "Das sieht ja vielversprechend aus." meint Michaela an einem besonders markanten Straßenabschnitt, der in die Felswand gehauen wurde. Dann erreichen wir Imsterberg, das auf einer Hangterrasse liegt. Wieder einmal wundern wir uns über und bewundern wir zugleich den Tiroler Baustil. Alte Bauernhäuser liegen neben hypermodernen Prachtbauten. In Deutschland würde das die Bauaufsicht nicht dulden. In Imsterberg folgen wir bei GPS 05_06 N 47° 12.329' E 10° 41.756' den gelben, kleinen Wegweisern zum Weiler "Vorderspadegg". Auch auf die "Venetalm" wird hier schon mit den gleichen Schildchen hingewiesen. Hinter Vorderspadegg setzt sich das Sträßchen nur noch einspurig fort. Forstwege und untergeordnete Feldwege zweigen immer wieder ab, aber die Beschilderung ist gut und vollständig, sodass wir in dem Wegegewirr keine Schwierigkeiten haben, auf dem richtigen Track zu bleiben. Wir erreichen einen schönen Rastplatz mit Grillstelle und Abenteuer-Spielplatz GPS 05_07 N 47° 11.851' E 10° 41.495'. Die "Venetalm" ist auch weiterhin ausgeschildert, über elf Kehren gewinnen wir rasch an Höhe. Das Teersträßchen ist schon längst ein Schottersträßchen geworden.

Die Schotterstraße auf die Venetalm ist weitgehend problemlos auch mit normalen PKW zu befahren, vorsichtige Fahrweise und einigermaßen Bodenfreiheit vorausgesetzt, denn die Piste weist kaum Schlaglöcher oder tiefe Rinnen auf. Doch an dem Tag unserer Befahrung sicher nicht. Und so kommt es zu einem Erlebnis, das mich immer wieder froh macht, einen echten Off Roader mit 4x4 und Geländeuntersetzung zu fahren. Was war passiert?

Wie bereits beschrieben hatte es an diesem Tag um die Mittagszeit einen heftigen Wolkenbruch gegeben. In dessen "Genuss" war auch der Weg auf die Venetalm gekommen, die sich ja nur unweit nördlich von Piller befindet, in dessen Nähe wir im Trommelfeuer des Gewitters unsere Brettljause genossen hatten. Die

Schotterstraße in der zweiten Hälfte des Anstiegs ist mit einem sehr feinen Kies versehen, der mich ein wenig an Quetschsand erinnerte. Der Charakter dieses Straßenbelags ist eher schmierig als griffig. Obwohl es jetzt schon seit etwa zwei Stunden nicht mehr regnete, war die Straße ziemlich aufgeweicht. Noch fuhr ich völlig problemlos auf der Hinterachse, meist im zweiten Gang. Aufmerksam beobachtete ich beim Herausbeschleunigen aus den engen Serpentinen deren Performance. War die Kurve nicht zu eng und konnte ich genug Schwung mitnehmen ging alles gut. Kam ich in den Drehzahlkeller und musste etwas aggressiver auf das Gaspedal treten, dann rutschten die Antriebsräder kurz durch, dank ESP war die Situation jedoch jedes Mal schnell wieder unter Kontrolle. Und dann kamen die Rindviecher. Mehrere Schilder hatten auf Almbetrieb hingewiesen, einige "Kuhgitter" hatten wir schon überfahren. Da standen sie nun. Eine Herde Jungtiere mitten auf der Straße. Diese war hier, wie sollte es anders sein, besonders steil. Als sich Le Camion näherte erkannten die meisten Rinder das Problem und hielten sich vorbildlich am Straßenrand. Im ersten Gang 2x4 in Schrittgeschwindigkeit tastete ich mich an diesen vorbei. Fast geschafft. Nur ein Tier fühlte sich in Straßenmitte deutlich wohler als am Straßenrand und ließ sich auch durch Le Camion in seinem langsamen Trott nicht beeindrucken. Ich musste auskuppeln, anhalten, die Handbremse ziehen. So wurde ich von "nachrückenden" Rindern überholt, die neugierig den großen schwarzen Le Camion beäugten. Ich muss dazu noch sagen, die Viecher waren absolut friedlich. Kein Problem. Das Problem lauerte ganz wo anders. Inzwischen war die komplette Herde von der

Straße auf eine Wiese gewechselt und ich hatte Freie Fahrt. Denkste. Erster Gang, Kupplung langsam kommen lassen, Gas, Handbremse lösen. Fröhlich drehten die Räder der Hinterachse in dem schmierigen Quetschsanduntergrund durch und Le Camion bewegte sich keinen Zentimeter nach vorne. Ein PKW wäre an dieser Stelle gescheitert. Möglich wäre nur eine kontrollierte Rückwärtsfahrt bis zu einer flacheren Stelle und dann mit Schwung die Steigung zu nehmen. In unserem Fall genügte es den Wählknopf von 2x4 auf 4x4 zu stellen. Ich hörte wie der Elektromotor den Vierradantrieb mit einem Klacken einlegte. "Jetzt geht's gleich weiter!" meinte ich zu Michaela gewandt und das neue Antriebskonzept gab mir Recht und krallte die Reifenprofile in den schlüpfrigen Boden. Le Camion war wieder mobil.

Im Nachhinein denke ich mir, ich hätte die Fahrsituation besser meistern können und ärgerte mich gleichzeitig über den Anfängerfehler, den ich gemacht hatte. Die schmierige Struktur der Piste hatte ich ja bemerkt. Dass Kühe auf der Trasse standen auch. Warum hatte ich nicht rechtzeitig auf 4x4 gestellt? Das geht doch sogar beim Fahren! Noch besser auf 4x4 low, dann hätte ich im Kriechgang an den Tieren vorbeifahren können. Im ersten Gang "high" war ich zu schnell und musste bremsen und anhalten. So schuf ich mir das Problem mit dem erneuten Anfahren. In 4x4 "low" wäre Le Camion wahrscheinlich in Bewegung geblieben, ein Anhalten wäre unnötig geworden und es wäre niemals zu der Schlupfsituation gekommen. Nicht, dass ich jetzt etwas Neues gelernt hätte, aber ich wurde daran erinnert, doch bitte auch das zu tun, was ich schon lange weiß. Vorausschauendes Fahren heißt eben auch rechtzeitig das richtige Antriebskonzept einzulegen.

Auf 1886 m NHN erreichen wir die Gamssteinhütte, eine unbewirtschaftete Jagdhütte in einem lichten Lärchenwald. Dickes Moos und Heidelbeerbüschchen bedecken hier den Waldboden. Mensch, ist das hier schön! Idylle pur. Und überhaupt, schon während der ganzen Auffahrt sagten wir uns mehrmals: "Wenn das doch unsere Hütte wäre." Der Berghang ist mir Heustadln gespickt. An vielen wurde ein moderner Anbau in Form eines Wintergartens, Freisitzes, etc. angebaut. Wunderbare Wochenenddomizile sind auf diese Weise entstanden. Einfach herrlich. Beneidenswert. Dafür haben wir ein mobiles Wochenenddomizil: Le Camion. Kurz vor dem Erreichen der bewirtschaftetet Venetalm GPS 05_08 N 47° 10.654' E 10° 41.935' auf 1985 m NHN, etwa 10 km von Imsterberg entfernt, öffnet sich der Blick ins Inn- und Pitztal. Wir blicken auf unsere Reiseroute des Vormittags. Leider ist die Abfahrt nach Wenns für KFZ gesperrt, ansonsten hätte sich eine prima Gratüberschreitung angeboten.

Wir genießen die Aussicht. Die Gewitter des Mittags haben sich verzogen. Langsam machen wir uns Gedanken über einen Übernachtungsplatz. Hier oben wäre es toll, aber 13°C auf dem Thermometer von Le Camion erinnern uns, in welcher Höhe wir uns befinden. In der Nacht würde die Temperatur auf den Gefrierpunkt sinken. Unten im Tal hat es an diesem Tag 24°C. Wir entscheiden uns für die Abfahrt. Der Grillplatz war sehr verlockend. Wir werden dort zwar kein Feuer machen, denn eine Genehmigung der Gemeinde Imsterberg ist dafür notwendig, aber für eine Nacht ist der Platz eine tolle Sache. Es gibt sogar fließend Wasser an einem Brunnen.

Wir richten unser unscheinbares Camp ein. "Nicht auffallen!" ist unsere Hauptdevise. So schmiegt sich Le Camion in das Dunkel der Fichten ein. Doch wir kochen nicht nur "fürstlich" auf unserem Zweiflammen-Spirituskocher von Origo http://www.amazon.de/s/?ie=UTF8&keywords=spirituskocher+origo&tag=googhydr08-21&index=aps&hvadid=55464261361&hvpos=1t1&hvexid=&hvnetw=g&hvrand=2387704147470280872&hvpone=&hvptwo=&hvqmt=b&hvdev=c&ref=pd_sl_56bh61z4ip_b , sondern namensgebunden "kaiserlich". Michaela überrascht mich mit einem Hirschgoulasch, Tupperware und Kühlbox sei Dank, das sie vorbereitet von Zuhause tiefgefroren mitnahm. Instant Semmelknödel und ein Glas Preiselbeermarmelade machen aus dem Hirsch ein schmackhaftes Abendessen. Der Côtes du Rhône aus meinem "Le Camion-Weinkeller" ergänzt es zum Dinner.

Die Gewitter des Mittags kehren am späten Abend zurück. Geborgen in Le Camions Hardtop schlummern wir vollgefressen und friedlich in unseren Schlafsäcken dem Morgen entgegen. Life is good.

Der Morgen begrüßt uns bereits um 0430 Uhr. Tausende Vogelstimmen feiern das Hell-Werden. "Jetzt fehlt bloß noch Bambi auf unserer Lichtung", meint

Michaela, "dann sind wir Hollywood-reif." Wir machen kein Frühstück. Niemals. Es sei denn, es ist 1000 Uhr vormittags. Unsere Körper sind der frühen Kalorienaufnahme abgeneigt. Eine Qual war es, von unseren Müttern zu Schulzeiten zum Frühstück gezwungen zu werden. Oft landete das Frühstück auf dem Weg zur Haltestelle des Schulbusses im Gully. Seit Michaela und ich erwachsen und selbständig sind besteht unser Frühstück lediglich aus einem Café. Bei mir früher zusätzlich aus einer blauen Gauloises, doch meine Raucherzeiten sind längst vorbei. Bewaffnet mit gefüllten Kaffeetassen, ein guter Instant reicht uns auf 4x4-Reisen, grübeln wir über der auf der Motorhaube ausgebreiteten Landkarte. Und der Gedanke schießt zum wiederholten Male durch den Kopf: "Mann, wir sind nur Luftlinie 44 Kilometer entfernt von daheim und befinden uns in einer völlig anderen Welt. Das ist Urlaub pur. Urlaub kurz vor der Haustüre. Wie geil ist das!?!"

Kaffeetrinkend planen wir die Rückkehr in das bayerische Alpenvorland, denn morgen steht wieder Dienst auf dem Programm. Eine Fahrt über das Hahntennjoch (1894 m NHN) soll unserer Ausfahrt beenden. 30 km misst dieser Pass zwischen Imst im Inntal und Elmen im Lechtal. Der Einstieg in die Hahntennjoch-Straße befindet sich im Norden von Imst GPS 05_10 N 47° 14.766' E 10° 44.485', zwischen der Kirche und dem Gasthof "Hirschen". Man erreicht ihn am einfachsten, wenn man am großen Kreisverkehr, diesen lernten wir bereits bei der Herfahrt kennen, der Beschilderung "Fernpass" nach Norden folgt. Etwa 1,5 km weiter ist der Weg zum Hahntennjoch mit einem grünen Schild markiert GPS 05_09 N 47° 14.842' E 10°

44.710'. Die Passstraße erschließt das östliche Lechtal, ist aber aufgrund der abwechslungsreichen Panoramen von v. a. touristischer Bedeutung. In der Scheitelregion auf der Ostrampe, hier einige markante Schuttreißen, kann es zu Steinschlag und nach Regenfällen und zu Vermurungen der Straße kommen. Oberhalb von Imst und auf dem Passscheitel stehen deshalb Ampeln, die die Straße bei Gefahr sperren. Je nach Schneelage ist die Straße zwischen November und Mai gesperrt, bis weit ins Frühjahr hinein fährt man in den Höhenlagen durch einen teilweise meterhohen Schneekanal.

Nach den heftigen Gewittern gestern und in der Nacht präsentiert sich das Wetter heute von seiner Sahneseite. Schnell ist der Einstieg in die Hahntennjochstraße gefunden, der Höhenanstieg wird geschmeidig genommen. Gewaltig sind die Schuttreißen, ein wenig Angst vor Steinschlag begleitet uns. Doch bei trockenem Wetter wie heute sollte es keine Probleme geben. Bei Steinschlag und in Steigerung Vermurung gilt die Grundregel: Je schlechter das Wetter desto größer die Gefahr. Sowohl Steinschlag als auch Muren benötigen als Auslöser viel Niederschlag, bei Steinschlag kommt zudem die Schneeschmelze im Frühjahr als Auslöser dazu. Wenn es im Gebirge wärmer wird tauen gefrorene Felspartien auf und Steine, im Winter fest eingefroren, lösen sich als Steinschlag.

Wir sehen die größere Gefahr heute durch entgegenkommende Motorrad- und Fahrradfahrer, die in der Bergabfahrt weit auf "meine" Fahrbahnhälfte übertreten. Die raue Schutthaldenlandschaft ist schnell durchquert. An der Scheitelhöhe des Passes ist uns zu viel Betrieb, Horden von Motorradfahrern schwängern hier die klare Bergluft mit Tabakrauch. Die Abfahrt vom Hahntennjoch erfolgt in lieblicher, aber auch panoramenreicher Umgebung. Die alten Holzhäuser aus dem frühen 13. Jahrhundert von Pfafflar sind urig, geschichtsgewaltig und respekteinflößend. So alt. Aus Holz! Wow. Dann folgen wir mechanisch dem inzwischen gutausgebauten Straßenverlauf und erreichen bald das Lechtal.

INSIDERTIPP: Hahntennjoch

Der schönste Abschnitt der Straße ist der zwischen der Passhöhe und den alten Hütten von Pfafflar und Bschlabs. Die Holzhäuser von Pfafflar gehören zu den ältesten Tirols und datieren auf das frühe 13. Jahrhundert! Früher war Pfafflar eine Dauersiedlung, heute wird sie nur noch im Sommer von Sennern bewohnt.

Es ist gegen 11 Uhr, als wir das Lechtal erreichen. Eine vorausgegangene Planung am PC mit Google Earth füllte unser GPS mit einigen Orten, an denen man an den Fluss heranfahren kann. So finden wir noch vor Mittag ein gemütliches Plätzchen in der Idylle des

Gebirgsflusses, fern ab von Hinz und Kunz. Wir pritscheln im kalten Lechwasser, verspeisen die Reste unseres Frische-Vorrats und gönnen uns bei Lesen (Michaela) und Schreiben dieses Berichts (Andy) ein paar gemütliche Ausstunden. Am mittleren Nachmittag, vor Büroschluss, brechen wir auf nach Reutte. Dort haben wir noch "geschäftlich" zu tun.

INSIDERTIPP: Einkaufen und Tanken in Reutte.

Am südlichen Ortsausgang von Reutte gibt es eine Jet-Tankstelle, die sich in der Regel durch sehr günstige Preise auszeichnet. Da Benzin (ca. 10-15 Cent) in Österreich deutlich billiger als in Deutschland ist, empfiehlt es sich, hier noch einmal voll zu tanken. [Bei Diesel beträgt die Ersparnis zwar nur wenige Cent, ein Volltanken lohnt sich – wenn man schon einmal hier ist – trotzdem.]

In unmittelbarer Nähe zur Jet-Tankstelle finden sich eine Hofer- (Aldi) und eine Lidlfiliale. Wir nutzten die Gelegenheit um regionale Produkte und pfandfreie Getränke (Dosenbier, Almdudler, Wasser, etc.) zu kaufen. Die Getränke sind weniger für den Verzehr zuhause gedacht sondern als praktischer Vorrat bei unseren 4x4-Touren. Leicht – im Prinzip unkaputtbar – pfandfrei – schneller zu kühlen als Glasflaschen.

Mit dem Erreichen von Reutte und dem Einkauf dort endet unsere kleine Alpenrunde. Wir weiteten eine Eintagestour zu einer Zweitagestour aus. Das Kennenlernen eines interessanten inneralpinen Tales stand auf dem Programm, im Gewittersturm lernten wir die Vorzüge unseres Expeditionsausbaus kennen. Brettljause trotz Gewittersause. Bei der Auffahrt zur Venetalm rief ich vorhandenes Off-Road-Wissen wieder in Erinnerung und die Befahrung des Hahntennjochs mit seinen alten Bauernhäusern und den chilligen Stunden am Lech vollendeten den gelungenen 4x4-Kurzurlaub. Die Einkäufe in Reutte werden noch viele Tage lang am heimischen Essenstisch an die Reise erinnern.

Tour 6: Abwechslungsreiche Vinschgaurunde.

Route (ca. 360 km): Fernpass – Timmelsjoch – Vinschgau – Plamord – Reschen Alm – Reschenpass – Hochfinstermünz – Samnaun – Fernpass

Ich empfehle dringend, die im Folgenden geschilderte Tour als Zweittagestour zu planen, bzw. in die Hin- und/oder Rückfahrt nach Südtirol zu integrieren. Die Gegend bietet einfach zu viele Sehenswürdigkeiten, zum nur "Durchfahren" ist sie zu schade, auch wenn die vorgestellte Runde theoretisch an einem Tag leicht abzuspulen wäre. Unsere Tour fand im Juni 2015 statt, wir legten sie als Zweitagestour über das Wochenende aus.

Seit Tagen schaufelte die Großwetterlage niederschlagsreiche Wolken von Norden an den Alpenrand. Heftige Niederschläge, Dauerregen und novemberliches Grau drückten auf die Stimmung der Menschen. Ein Blick ins Internet bestätigte mir im Gegenzug herrliches Wetter südlich des Alpenhauptkammes, der im Einfluss des Nordföhns lag. Während in Garmisch-Partenkirchen die Tageshöchsttemperaturen lediglich 12°C erreichten pendelten sie in Bozen bei 28°C. Was lag näher als über das Wochenende nach Südtirol zu reisen? Le Camion war wie immer reisefertig, wir brauchten an dem verregneten Samstagmorgen nur einsteigen und losfahren. Wie so oft war unsere Einstiegspforte in die inneren Alpen der Fernpass GPS 06_01 N 47° 22.018' E 10° 52.315'. [Letztendlich bieten sich für uns

Garmischer nur der Fernpass für die im Südwesten liegenden Ziele und der Zirler Berg, wenn wir Richtung Süden reisen. Eine Alternative für Touren Richtung Südosten bietet die Route über den Sylvensteinstausee und weiter zum Achenpass (Siehe Tour 1!).] Am Fernpass (*INFO: Fernpass* siehe Tour 5!) herrschte wie häufig an Samstagen viel Verkehr. In beide Richtungen. Besonders schlimm ist dies in der Winter-Skisaison, wenn am Samstag die An- und Abreisen stattfinden. Oft besteht dann die Blechlawine, die sich über den Fernpass quält, aus einer Autoschlange mit meist gelben (niederländischen) Autokennzeichen. Trotz des dichten Verkehrs haben wir heute Glück und kommen einigermaßen zügig über den Pass. Vom Zugspitzpanorama an der Raststation auf der Nordrampe und dem kristallklaren See darunter ist heute nichts zu sehen, den tiefhängenden, schweren Regenwolken sei Dank. Seit der Abfahrt in Garmisch kommen die Scheibenwischer nicht zur Ruhe. Die Passhöhe bietet heute nichts Attraktives, das Grau in Grau des Regentages raubt jeglichen Panoramablick. Nur gut, dass wir den Fernpass schon sehr oft auch unter besten Witterungsumständen gefahren sind und die reizvolle Kalkalpenlandschaft mit ihren felsigen Gipfeln und darunterliegenden, grünen Matten und Latschenregionen gut kennen. In Imst legen wir einen kurzen Versorgungsstopp ein und bunkern Lebensmittel für die Wochenendtour. Der Regen lässt hier bereits etwas nach, sodass die Intervallschaltung des Scheibenwischers genügt, dem Sprühregen Herr zu werden.

Ich fütterte das Straßennavi mit "Sölden", um mich sicher durch die Imster Kreisverkehre ins Ötztal leiten zu lassen, das wir nach einer kurzen Fahrt Richtung Osten durch das Inntal erreichen. An dem großen Kreisverkehr an der Einmündung des Ötztals in das Inntal beginnt unser Anstieg zum Alpenhauptkamm, den wir am Timmelsjoch überqueren wollen GPS 06_02 N 47° 13.819' E 10° 51.311'.

Seit der Überquerung des Fernpasses ließ der Regen immer mehr nach. Nur noch hin und wieder queren kleine Schauer unsere Reiseroute nach Süden durch das Ötztal. Die Wolkendecke steigt an und gibt sporadisch den Blick auf einige Gipfel frei. Neuschnee! Trotz des Monats Juni keine Seltenheit in den Alpen. Würde uns der Neuschnee am Timmelsjoch Schwierigkeiten bereiten?

Das Ötzidorf http://www.oetzi-dorf.at/ bei der Ortschaft Umhausen steht heute nicht auf unserer Agenda, dazu liegen noch zu viele Kilometer und Höhenmeter vor uns, wir planen jedoch, es in eine eigene Autotour aufzunehmen. Dann erreichen wir den Wintersportort Sölden. Gleich am Ortbeginn weist die riesige Reklametafel auf "Tabledance" und "Night Club" hin, nicht umsonst wird Sölden auch als der "Ballermann der Wintersportorte" bezeichnet. Zwischen die Hotelburgen zwängen sich zahlreiche Discos und Kneipen. Jetzt, im Juni, liegt der Ort im "Sommerschlaf".

In Sölden zweigt die mautpflichtige Ötztaler Gletscherstraße zum Rettenbach- und Tiefenbachferner ab. Diese wollten wir unter die Reifen nehmen, doch es kommt anders als gedacht. Wieder einmal zeigt die Natur, wer der Herr der Reiseplanung ist und lässt unser Vorhaben scheitern. "Wegen Neuschnee gesperrt!" prangt in leuchten roten Lettern von den riesigen, die Straße überspannenden Hinweisschildern auf die Ötztaler Gletscherstraße. "Heute wird das nichts. Lass' uns die Gletscherstraße bei besserem Wetter fahren, vielleicht dann, wenn wir auch das Ötzidorf besuchen." meine ich und wir setzten unseren Weg nach Süden zum Timmelsjoch fort.

INFO: Ötztaler Gletscherstraße

Die Ötztaler Gletscherstraße zum Rettenbachferner ist mit ihren 2800 m NHN die höchste in den Ostalpen. Sie ist ausgezeichnet ausgebaut und kann sogar von Bussen befahren werden. Mit ihrem Bau wollte man die beiden Gletscher Rettenbachferner und Tiefenbachferner für den Wintersport erschließen. In der Regel kann der Skibetrieb hier im September beginnen. 12 km misst die Fahrt zum Gletscherstadion am Rettenbachferner, weitere 3,4 km der Weg durch einen Tunnel zur Talstation der Tiefenbachbahn. Die Geschwindigkeit ist auf 50 km/h begrenzt, zwischen 17.00 und 07.00Uhr besteht ein Nachtfahrverbot. [Quelle: Zusammengestellt aus Denzel-Großer Alpenstraßenführer.]
http://www.soelden.com/urlaub/DE/SD/WI/urlaubsplanung/skigebiet/gletscherskilauf/mautgebuehren/index.html .

In Untergurgl auf 1850 m NHN beginnen wir uns links haltend den Einstieg in die Timmelsjochstraße. Le Camion klettert an der östlichen Talseite des Gurgler Tales empor und erreicht die Hotelsiedlung Hochgurgl, mit ihren 2150 m NHN die höchste, ganzjährig bewohnte Siedlung der Ostalpen. Bis zum Joch sind es noch weitere 359 Höhenmeter. Doch erst einmal müssen wir die Straßenmaut bezahlen (14 € einfache Fahrt; Rückfahrtkarte 18 €; Stand Juni 2015). Wir fahren hier in nördlicher Richtung. Im Rückspiegel weitet sich das Panorama über Obergurgl und die Ramolkogelgruppe. Beim "Windeck" lenke ich Le Camion nach Osten. Jetzt sind wir im Timmelstal. Das Hochtal wird immer schmaler und endet mit einem Serpentinenanstieg am Timmelsjoch. Der Regen ließ in der Zwischenzeit komplett nach, die Wolken reißen immer mehr auf und geben den Blick auf den Blauen Himmel und die umliegenden Berge frei. Diese sind frisch angezuckert, die Straße jedoch ist schneefrei. Der Stop an der Scheitelstelle gestaltet sich kurz, denn ein kräftiger Graupelschauer zwingt uns zurück in die Geborgenheit und Wärme von Le Camion. Wieder ein Beweis, wie schnell sich das Wetter in den Alpen auch im Sommer verändern kann. Ohne die richtige Ausrüstung (Kleidung) kommt man hier schnell in lebensbedrohliche Lagen. Wir beginnen die Abfahrt und schon nach wenigen hundert Metern haben wir das Schneetreiben der Passhöhe hinter uns gelassen und blicken nun hinab ins sommerliche Tal. "Wir haben den Sommer erreicht!" jubelt Michaela. Noch nicht ganz, denn in den ersten Straßentunneln warnen Schilder vor "Eis im Tunnel", eine Warnung, die absolut zutrifft, wie wir feststellen müssen. Le Camions Außenthermometer zeigt kalte -1°C. Die zunächst serpentinenreiche Abfahrt gleicht einer Reise durch die Vegetationszonen, gerade jetzt im Frühsommer. Während man auf dem Pass noch eine Schneeballschlacht machen kann räkeln sich im Tal Freibadbesucher in der Sonne und in Meran wachsen Palmen. Dann eine Schrecksekunde. Ein etwa faustgroßer Stein schlägt keine 20 m vor Le Camion auf der Straße auf. Er hätte einen mords Schaden angerichtet, hätte er uns getroffen. Mit erhöhtem Druck auf dem Gaspedal jagen wir zu Tal, raus aus der steinschlaggefährlichen Zone im oberen Passbereich.

INFO: Timmelsjoch.

Das Timmelsjoch ist mit seinen 2509 m NHN auf Scheitelhöhe eine eigene Reise wert. Er ist der einzige gletscherfreie Übergang zwischen dem Brenner im Osten und dem Reschenpass im Westen. Er ermöglicht die Überquerung des Alpenhauptkammes und markiert die Grenzlinie zwischen den Stubaier (im Osten) und den Ötztaler Alpen (im Westen). Außerdem verläuft auf der Scheitelhöhe die politische Grenze zwischen Österreich und Italien. Der Übergang ist uralt und wurde schon in prähistorischer Zeit genutzt. Die Gletschermumie Ötzi fand sich in gar nicht großer Entfernung. Die österreichische Seite der Straße konnte 1959 fertig gestellt werden, die italienische Rampe erst 1968. Die Nordrampe ist 12 km lang und sehr gut ausgebaut. Elf kehren sind zu meistern. Die Abfahrt überwindet auf 29,5 km bis St. Leonhard i. P. 1800

Höhenmeter, auch hier sind elf Kehren zu meistern. Rechnet man den Höhenunterschied von der Passhöhe bis Meran kommen stolze 2200 Höhenmeter zusammen. Kurios ist der dritte der 16 (von oben gezählt) unbeleuchteten Felsentunnels. Er ist mit abschließbaren, hölzernen Flügeltoren ausgestattet. Die Straße ist je nach Schneelage von Anfang Juni bis Ende Oktober geöffnet, tagsüber von 07.00-20.00 Uhr. Erwähnenswert sind fünf architektonische Attraktionen auf der Passstraße: der "Steg" bei der Mautstation, der "Schmuggler" bei der Timmelsbachbrücke, das Pass-Museum auf der Scheitelhöhe, das "Fernrohr" auf italienischer Seite und der "Granat" oberhalb der Gemeinde Moos. [Quelle: Zusammengestellt aus Denzel-Großer Alpenstraßenführer.]
http://www.timmelsjoch.com/de/extras/news/group/10000/overview.aspx

Bei inzwischen perfektem Sommerwetter fahren wir die kurvenreiche, italienische Rampe der Timmelsjochstraße hinab ins Tal. Die Luft ist glasklar, die Farben kräftig und leuchtend. Der Verkehr hält sich in Grenzen, auch die Biker, egal ob motorisiert oder mit Muskelkraft unterwegs, verhalten sich heute sehr diszipliniert. Trotzdem fahre ich sehr wachsam und vorsichtig, denn die Straße ist nur knapp zweispurig. Besonders unangenehm gestaltet sich die Durchfahrung einzelner Tunnels. Diese sind großteils gar nicht oder nur sehr unzureichend beleuchtet. Bei der Einfahrt, die Augen sind noch auf die Helligkeit des Sommertages eingestellt, ist man für einige Sekunden nahezu blind, bis sich die Pupillen weiten. Höchste Vorsicht ist hier angesagt. Viel zu schnell ist unserer

Meinung nach das Passeier Tal erreicht und schon fährt Le Camion am Ortsschild von Meran vorbei. Der alte Kurort empfängt uns mit einer sagenhaften Blumenpracht.

Unser fahrerisches Soll ist für diesen Tag erfüllt. Über die Schnellstraße erreichen wir die Weinstraße, der wir über Eppan und Kaltern folgen. Unser Tagesziel ist Egna (Neumarkt), wo wir an unserem angestammten Übernachtungsplatz unser Camp aufstellen, die Ruhe und Sonne, sowie einen guten Rotwein genießen. Am Abend kommen Freunde vorbei, Neuigkeiten werden ausgetauscht und Dieselgespräche geführt. Für den Sommer, wir planen die Recherchetour für Band 2 der Off Road *Hybrid*- Reihe für August, besprechen wir ein paar gemeinsame Touren. Mit der Dunkelheit werden Glühwürmchen aktiv. Lange sitzen wir da uns erfreuen uns an dem Naturschauspiel.

Am nächsten Morgen und unserem obligatorischen Einkauf bei der Metro in Bozen, der unseren Vorrat italienischer Köstlichkeiten daheim aufstockt, fahren wir über Meran ins Vinschgau http://www.vinschgau.net/de/willkommen.html. Wie immer gibt es hier viel zu sehen. Kleine Äpfel hängen schon an den zahlreichen Bäumen, die hohen Gipfel sind noch voll Schnee, im Tal müssen die Apfelplantagen jedoch schon bewässert werden. Hochsommerlich warm ist es. Kurze-Hosen-Wetter. Unser nächstes Etappenziel ist die Schotterpistenauffahrt zum Plamort, einer Hochebene in Grenzregion, die mit Panzersperren und Bunkern vom Anfang des letzten Jahrhunderts gespickt ist.

Zwischen Graun im Vinschgau und Reschen am See GPS 06_03 N 46° 49.089' E 10° 31.806' zweigen wir bei den Häusern von Arlund rechts ab und folgen einem braun-weißen Schild mit der Aufschrift "Klopair". Die Straße zu diesem Weiler ist einspurig und steil, aber asphaltiert. An einer Abzweigung, vor uns in Sichtweite liegt der Weiler, den wir links liegen lassen. Hier GPS 06_04 N 46° 49.295' E 10° 31.851' biegen wir rechts ab, in einen bald geschotterten und teilweise auch ausgewaschenen Fahrweg. Auch an der nächsten Weggabelung halten wir uns geradeaus. Die Abzweigung nach rechts würde das Fahrvergnügen nach wenigen Zehnermetern an einem Fahrverbotsschild mit Hinweis auf das Landesgesetzt beenden. Der weitere Verlauf des Sträßchens, auf dem wir fahren, ist extrem steinschlaggefährdet. Vorsicht! Bei und nach Regen kehrt man hier um und setzt sich der Gefahr nicht aus! Auch mit Murenabgängen wäre dann zu rechnen. Auch bei Schönwetter besteht Steinschlaggefahr durch von weiter oberhalb grasende Weidetiere, die Steine lostreten können.

Wir fahren durch einen herrlichen, lichten Lärchenwald weiter auf dem einspurigen, ehemaligen Militärsträßchen. Der Unterbau dieser Art von Straßen ist in der Regel sehr gut, waren sie doch - in diesem Fall in der Mussolini-Ära - als Transportwege für schwere Geschütze ausgelegt. Heute präsentiert sich das Sträßchen im Verfall. Nur hin und wieder werden Vermurungen beseitigt, Randsicherungen fehlen. Die letzten 700 - besonders steinschlaggefährdeten Streckenmeter - sind aus Sicherheitsgründen gesperrt, am Waldrand steht eine Fahrverbotstafel mit Hinweis auf das entsprechende Landesgesetz. Dieses ist als striktes Fahrverbot und nicht als lediglicher Haftungsausschluss, wie es bei Durchfahrtverboten-Schildern ohne Zusatztafel mit dem entsprechenden Landesgesetzt der Fall ist, zu interpretieren. Bei Nichtbeachtung drohen Strafen. Davor sind zweieinhalb Parkplätze. Von der Vinschgau SS 40 sind wir bis hierher 3,5 km gefahren. Zu Fuß - natürlich auch unter Steinschlaggefahr - kann man zu den Mauerresten einstiger militärischer Anlagen gelangen (Bunker GPS 06_05 N 46° 50.525' E 10° 31.578'). Friedlicheren Charakters ist der herrliche Prachtblick auf Reschensee und Haidersee und dem Ortler im Süden. Das Sträßchen endet in mehreren Verästelungen auf dem Plateau unter der Plamordkuppe (2083 m NHN). Ein Blick in Google Earth bereits zu Hause zeigt, wo man hier noch Linien von Panzersperren finden kann. Diese bestehen aus einem mehrreihigen Spalier von in Betonsockel eingegossenen Stahlspitzen GPS 06_06 N 46° 50.653' E 10° 31.604'.

Doch wir kommen nicht so weit. Zum zweiten Mal auf dieser Fahrt werden unsere Reisepläne von Unvorhergesehenem durchkreuzt. Diesmal ist es nicht nur das Wetter, sondern auch die Forstwirtschaft. Wenige Strecken- und Höhenmeter vor/unter dem Befahrungsendpunkt bei 2025 m NHN versperrt die "Bergstation" eines mobilen Baumstamm-Transport-Lifts die Trasse. Ein Vorbeikommen ist unmöglich. In der Nähe lagern meterhoch jede Menge geernteter Lärchenstämme, die auf ihre Talfahrt warten. Auch zu Fuß ist heute kein Weiterkommen. Es wären nur noch knapp zwei Kilometer und ca. 200 Höhenmeter zu den martialischen Panzersperren. Also ein Spaziergang. Doch da sich das Wetter inzwischen wieder verschlechtert und sogar leichter Regen einsetzt, die Schlechtwetterwolken schwappen hier von Norden über den Alpenhauptkamm, treten wir den geordneten Rückzug an, denn mit dem beginnenden Regen nimmt auch die Steinschlaggefahr exponentiell zu. Dabei ist es uns ziemlich egal, ob uns der Steinschlag als Wanderer auf den Kopf fallen oder als Autofahrer Le Camion beschädigen würde. Nix wie runter ins Tal ist die Devise! Für Nicht-Geländewagen raten wir aus zwei Gründen von der Befahrung ab. Immer wieder liegen auch größere Steine auf der Fahrbahn, die eine gewisse Bodenfreiheit verlangen, genauso wie ausgewaschene Längs- und Querrillen in der Fahrbahn. Zusätzlich nutzte ich auf Berg- und Talfahrt die Vorteile der Geländeuntersetzung. Der erste Straßen-Gang ist für die Steilheit der Straße und den lockeren Schotteruntergrund fast zu lang ausgelegt, immer wieder drehen die Hinterreifen durch. Perfekt ist das Fahren im zweiten oder dritten Gelände-Gang der Untersetzung. Die Traktion ist nicht nur wegen des Vierradantriebs sondern auch wegen der passenden Übersetzung optimal, sodass die Motorkraft schlupffrei auf die Piste gebracht wird, ohne dass die Räder durchdrehen. Auch in der Abfahrt nutze ich die Untersetzung und bediene mich der Hilfe der Motorbremse.

"In ein paar Wochen kommen wir wieder." sage ich in der Hoffnung, dass dann der Holzlift wieder abgebaut ist und wir die Befahrung bis zum Endpunkt durchführen können oder zumindest ab der Holzsammelstelle einigermaßen gefahrlos unsere Panzersperrenwanderung beginnen können. Heute bleibt nur der Genuss der Reschenseepanoramen, die sich immer wieder bei der Abfahrt auftun.

Zurück auf der Vinschgau SS 40 setzen wir unsere Fahrt nach Reschen am See fort. Bevor es hinab ins Inntal geht wollen wir noch der Reschen Alm (2001 m NHN) einen Besuch abstatten und das letzte Mal auf dieser Reise Schotter schnuppern. Denzel klassifiziert die Alm als das "zweifellos lohnendste, anfahrbare Ziel rund um den Reschensee". Kurz 200 m hinter der Kirche in Reschen folgen wir dem Schild "Rojental" GPS 06_07 N 46° 49.900' E 10° 30.782' nach links. Über die westliche Uferstraße und den Ortsteil Pitz erreichen wir eine Badebucht und einen Großparkplatz rechter Hand. Dann beginnt die Steigung ins Rojental, in Form einer gut ausgebauten Bergstraße. Wir sind tief beeindruckt, wie sich ein großer Reisebus vor uns mittels mehrmaligen Reversierens durch die Serpentinen quält. Der Busfahrer versteht etwas von seinem Handwerk. Hier, im Gierner Wald mündet die Straße von St. Valentin auf der Haide über Spinn ein. Wir fahren weiter, immer noch auf Asphalt Richtung Rojen und Schöneben. Im Rojental, noch vor Rojen bei GPS 06_08 N 46° 48.890' E 10° 29.412', steht links am Straßenrand ein großes, handgemaltes Holzschild, das nach rechts zur Reschen Alm weist. Die Auffahrt zur Alm beginnt hier gleich hinter der Pitzbachbrücke. Wir blicken hinüber nach Osten zu der vorhin befahrenen Plamord-Straße mit ihren Stützmauern und können die Waldschneise erkennen, in der der Holzlift verläuft. Der Asphalt weicht Schotter. Auch dieses Sträßchen ist militärischen Ursprungs und besitzt einen soliden Unterbau. Allerdings ist es einspurig mit wenigen Ausweichstellen. Lärchenwald und Graslichtungen, auf denen Kühe grasen, wechseln sich ab. Die im Sommer bewirtschaftete Reschner Alm ist der Endpunkt unserer Befahrung GPS 06_09 N 46° 50.159' E 10° 29.426'. Das Wort "Prachtblick" genügt nicht aus, das Panorama zu beschreiben. Im Südosten glitzern die firnbedeckten Gipfel der Ortlergruppe. Doch der fortgeschrittene Nachmittag verlangt nach Aufbruch. Es geht zurück nach Reschen und über den Reschenpass hinab nach Nauders, am Beginn der Hochfinstermünsstraße.

INFO: Reschenpass.

Der Reschenpass ist geographisch in zweierlei Hinsicht interessant. Er ist der vielbenutzte Alpenübergang (Alpenhauptkamm) zwischen Brenner im Osten und der Via Mala im Westen. Außerdem stellt er die Wasserscheide zwischen Donau (über den Inn) und dem Mittelmeer (über die Etsch) dar. 1507 m NHN misst der Übergang. An der Staatsgrenze finden sich zwei Schilder, die "Reschenpass 1455 m NHN" angeben. Diese Höhenangabe bezieht sich auf den Grenzübergang, nicht auf die Höhe der Wasserscheide.

Schon vor der "Eröffnung" der Via Claudia Augusta im Jahr 50 wurde der Reschenpass als einer der wichtigsten Alpenübergänge (Saumpfad) genutzt. Das blieb nur solange so, bis die Via Raetia (Brennerroute;

vgl. Fernpass!) kam. Mittelalterliche Aufzeichnungen aus dem Jahr 1430 zeigen, dass die Brennerroute mit 6500 Frachtwagen pro Jahr 90 % des Warenverkehrs nach Augsburg handelte.

1948 - 1950 wurde der Reschensee aufgestaut. Die Gemeinde Graun fiel dem zum Opfer. Nur noch der Kirchturm "St. Katharina" ragt heute noch als exotisches Fotomotiv aus dem See heraus. [Quelle: zusammengefasst nach Wikipedia]

INFO: Hochfinstermünz.

Die paar Häuser, die den Namen Hochfinstermünz tragen, liegen zwischen Nauders am Reschenpass und Pfunds im Tal. Hier ist die Zeit stehen geblieben und man fühlt sich wie in einer Geisterstadt. Nur wenige der hunderte und tausende von Autos, die tagtäglich vorbei fahren, halten hier an. Vor dem Zweiten Weltkrieg stand hier in der Tat das beste und luxuriöseste Hotel Tirols! Das "Alpenhotel". Sein Glanz ist längst erloschen.

Interessant ist ein ehemaliger Werbetext von 1932: "Luft-Kurort Hochfinstermünz - Mit Alpenhotel Hochfinstermünz. An der staubfreien Straße Landeck - Meran mitten im Tannen- und Lärchenwald. Gutgeführtes bürgerliches Haus, hat Post und Telegraph, Trafik, kath. Kapelle, große Speiseräume, drei offene Veranden, Salon, Lesezimmer, Rauchzimmer, Dunkelkammer mit Photo-Utensilien,

Garagen und Boxen für 15 Auto, Shell-Benzin, Dynamin [Anm. d. Autors: ein Otto-Kraftstoff], Aral und verschiedene Öle. Schönste Aussicht ins Engadin, viele Spaziergänge, großer Park mit Liegestühlen, Tennisplatz, Schwimmbad, gutes Familienhotel für länger. Aufenthalt, Diätkost, Mittagessen von S 3.- bis S 6.- je nach Menu. Sehr geeignet für Gesellschaften. Im Hotel sind viele sehenswerte Jagdtrophäen sowie ein lebender Adler. Finstermünz, der älteste Paß(!)-Übergang Europas, mit der alten Zollbrücke an der Römerstraße, oben am Felsen Schloß(!) Siegmundseck. Schlittenverbindung mit dem Samnauntal." [Quelle: Nauders am Reschen-Scheideck, Tirol. Historisch-geographische Skizze mit Führer. Hermann v. Tschiggfrey, Innsbruck 1932.]

Weitere Informationen unter http://www.sagen.at/doku/finstermuenz/hochfinstermuenz.html .

Das eigentlich Beeindruckende der Hochfinstermünzstraße war meiner Meinung nach früher seine Lage "in der Steilwand". Der eiszeitliche Inntalgletscher schuf hier ein enges Trogtal mit nahezu senkrechten Flanken. Man kann sich den Querschnitt wie ein U vorstellen. In die wie gesagt nahezu senkrechte Südflanke wurde die Hochfinstermünzstraße hineingemeißelt. Auf der einen Straßenseite geht es in senkrechten Felsen nach oben, auf der anderen senkrecht hinab ins Oberinntal. Ein ganz schön luftiges Ambiente. Durch den Bau moderner, breiter Straßentunnels und Galerien wurde dieses Szenario deutlich entschärft, um nicht zu sagen kastriert. Fährt man, wie wir jetzt, nach Passage der Hochfinstermünzstraße hinter der Kajetansbrücke über den Inn links ab in Richtung St. Moritz, kann man in der linker Hand liegenden Wand noch die kühne Straßenführung der einstigen Hochfinstermünzstraße im Ansatz nachvollziehen.

An der Abzweigung hinter der Kajetansbrücke passieren wir die Tiroler Grenzstation. Keine Kontrolle bei der Ausreise. Wir überqueren hier eine EU-Außengrenze. Denke bitte an gültige Reisedokumente! Schon befinden wir uns auf schweizer Boden. Bei der Gaststätte Vinadi, rechts der Straße, 4 Kilometer hinter der Grenze, biegen wir nach rechts in eine Bergstraße ein GPS 06_10 N 46° 55.499' E 10° 29.128'. Hier beginnt der Anstieg hinauf ins Zollfrei-Gebiet der Gemeinde Samnaun. Da der schweizer Ort nur über österreichisches Territorium zu erreichen ist, genießt er diesen steuerlichen Vorteil. Doch vor "Duty free" stehen als letztes Alpenschmankerl Schwindel erregende Abgründe und unbeleuchtete, stark gekrümmte Tunnel auf unserer Tagesordnung.

INFO: Samnaun.

Samnaun erreicht man über zwei Straßen. Die bessere, sogar für Omnibusse taugliche, meistbenutzte verläuft über Tiroler Territorium im Norden des Tales und ist ordentlich ausgebaut. Die Zufahrt ist selbstverständlich wintersicher, der Zustrom der Skitouristen muss gewährleistet sein. Anders die Südvariante. Sie führt über Bündner Territorium und wurde nur teilweise saniert. Die Schlüsselstellen (Tunnels!), besonders die stark gekrümmte Galerie durch das Val Alpetta bezeichnet Denzel treffend als "Rattenloch". Nahe des Grenzübergangs "Spissermühle" mündet die Bündner Straße nach Überquerung des Zandersbaches in die Tiroler Trasse.

Was für die dunklen Felsentunnel auf italienischer Seite der Timmelsjochstraße galt, das gilt um einiges verschärft für die vier Tunnels auf der Strecke. Diese sind komplett unbeleuchtet, stark gekrümmt und dazu noch nahezu einspurig. Die Tunnels sind unterirdische Umfahrungen von Gräben und beschreiben alle eine enge Rechtskurve. Ich fahre langsam und vorsichtig an die Tunneleinfahrten heran und blicke weit nach rechts auf das gegenüberliegende Ende. Fahren dort gerade Fahrzeuge ein? Eine Begegnung im Tunnel wäre fatal und man müsste in der Dunkelheit in der Kurve zurücksetzten. Als ich einigermaßen sicher bin, dass mir kein Fahrzeug entgegen kommt beginne ich die Tunnelfahrt. Langsam, damit sich auch die Augen einigermaßen an die Dunkelheit gewöhnen können. Fast habe ich den Eindruck, dass die Scheinwerfer Le Camions nicht funktionieren, denn der dunkle Felsen verschluckt ihr Licht. Ich hupe mehrmals um auf mich aufmerksam zu machen. Das Licht am sprichwörtlichen Ende des Tunnels bringt Erleichterung.

Der schönste Tunnel meiner Meinung nach ist der zweite von unten. Er verfügt über ein paar Felsdurchbrüche ans Tageslicht und wirkt dadurch nicht ganz so stockfinster. Das eigentliche Schmankerl befindet sich jedoch am Scheitelpunkt der Rechtskurve, die auch er beschreibt. Hier befinden wir uns an der tiefsten Stelle des Grabens, hier schießt auch über dem Tunnel ein beachtliches Bächlein zu Tal. Durch ein Tunnelfenster kann man es sehen und fährt so quasi "hinter dem Wasserfall" vorbei. Leider kann man hier nicht stehen bleiben und die eigenartige Location genießen.

Einige Steinschlagbrocken auf der Straße mahnen sich zügig aus dem Staub zu machen. Wir erreichen "Acla da Fans" (Pfandshof) GPS 06_11 N 46° 57.283' E 10° 26.180' http://www.acla-da-fans.ch/ , einer großen Tankstelle und einem benachbarten Duty free-Shop mit Café. Ich tanke Diesel, bis er in der Tanköffnung steht. Nur 1,01 € kostet hier der Liter. Im Duty free-Shop kaufen wir zwei Flaschen Schnaps und für eine Kollegin Michaelas zwei Stangen Zigaretten. Wer plant höherpreisige Produkte, wie z. B. Uhren zu kaufen, sollte sich vorher unbedingt mit den Zollvorschriften für die Wiedereinreise in die EU befassen (Siehe Kapitel "Wissenswertes - Schweiz"!). Eine noch größere Auswahl an Zollfreiprodukten findet sich in der Ortschaft Samnaun, die gut 7 km weiter ins Tal hinein liegt (Am Zandersbach links abbiegen!). Weitere Informationen zum zollfreien Einkaufen in Samnaun findest Du unter http://www.engadin.com/einkaufen/zollfreies-einkaufen-in-samnaun/zollfreies-einkaufserlebnis/?R=1&S=1 .

Wir biegen jedoch nach rechts, talwärts ab und erreichen hier sofort die österreichische Grenzstation. Hier wird kontrolliert. Intensiv kontrolliert. Wir sind vorbereitet und haben unsere wenigen Einkäufe im Fahrgastraum von Le Camion verstaut und zeigen dem Zöllner die Kassenquittung. Die Frage nach einem Reservekanister kann ich wahrheitsgemäß verneinen. Wir werden nicht weiter kontrolliert und können unsere Heimfahrt fortsetzen.

118 km sind es von der Tankstelle in Samnaun heim zu uns nach Garmisch. In Imst treffen wir auf die Herfahrtsroute und schließen so den Kreis der Vinschgauumrundung. Auf gutbekannten Straßen geht es in Gedanken versunken nach Hause. Weit hat es hier herunter geschneit. Mit Wehmut denken wir an den südtiroler Sommer zurück, den wir noch bis vor wenigen Stunden genießen durften. Respekt vor den Naturgewalten schwingt mit bei dem Gedanken an die unmöglich gewordene Befahrung der Ötztaler Gletscherstraße und das Schneetreiben auf der Timmelsjoch-Passhöhe. Mit Dankbarkeit erinnern wir uns daran, einem Steinschlag bei der Timmelsjoch-Abfahrt knapp entgangen zu sein. Und spätestens auf den letzten Kilometern vor unserem Heimatort steht fest, so bald wie möglich brechen wir zur nächsten Tour auf und holen das diesmal Versäumte nach.

Tour 7: Fünf-Länder-Fahrt.

Route (ca. 600 km): Fernpass – (Fimba-Alm) – (Speicher Kops) – Silvretta-Hochalpenstraße – (Brandner Tal) – Liechtenstein – (Schlappinstraße) – Obermutten – Via Mala – Splügenpass – Malojapass – Engadin – Fernpass

Und wieder einmal ist der Fernpass unser Tor in die Alpen GPS 07_01 N 47° 22.018' E 10° 52.315' (*INFO: Fernpass* siehe Tour 5!). Auch diesmal sind wir ohne das geringste Lebensmittel losgefahren (Survivalausrüstung ausgenommen). Nicht einmal eine kleine Brotzeit befindet sich in unserem Reisegepäck. Der Grund: Auf Reisen wollen wir alles essen, nur nicht das, was wir das ganze Jahr zu Hause futtern. Folglich decken wir uns jetzt in der Tiroler Kleinstadt Landeck, die wir nach der Fahrt über den Fernpass und durch das Inntal erreichen, mit einer Tagesration an Frischeprodukten und einem mehrtägig haltbaren Lebensmittelvorrat ein. Wir denken dabei schon an die Durchquerung der teuren Schweiz morgen und übermorgen, in der Einkaufen für deutsche Normalverdiener keinen Spaß macht. Eine gute Einkaufsinfrastruktur in Landeck findet man, wenn man die Stadt am Kreisverkehr nach (westlich) der Innbrücke Richtung "Arlberg" verlässt. Hier gibt es die verschiedensten Supermärkte. Kurz hinter Landeck, wir folgen der Beschilderung "Arlberg-Panoramastraße", befindet sich in der Ortschaft Pians ein Werksverkauf von Handl-Speck gleich neben der Straße GPS 07_02 N 47° 08.086' E 10° 31.027'. Lecker. Der kurze

Einkaufsstopp lohnt sich. Michaela ergänzt mit Tiroler Speckvariationen unsere kleine, mitreisende Vorratskammer.

INSIDERTIPP: Speck El Dorado im Werksverkauf.

Den Liebhabern Tiroler Specks und alpenländischer Dauerwurstspezialitäten empfehlen wir den Besuch des Handl-Werksverkaufs westlich Landeck in Pians, im Anfangsbereich der Arlberg-Panoramastraße. Eine Zufahrtsbeschreibung findet sich auf der Homepage des Unternehmens http://www.handltyrol.at/de , diese ist aber nicht notwendig, denn das auffällige Gebäude liegt direkt an der Hauptstraße. Tiroler Speck ist deutlich milder als sein deutscher Verwandter, der Schwarzwälder Schinken, gleichzeitig aber herzhafter als die italienischen Specksorten, allen voran dem süßen Parmaschinken.

Damit sind wir mehr als gut gerüstet für die 3-tägige, 4x4-5-Länder-Fahrt, die [Von unserem Heimatort Garmisch-Partenkirchen aus gerechnet.] gut 800 km auf den Tacho bringen wird und ganz nebenbei viele Gigabyte an Landschaft- und Fahreindrücken in unsere Köpfe.

Nur einen guten Kilometer hinter dem Speck El Dorado biegen wir von der Arlbergroute nach links (Südwesten) der Beschilderung "Silvretta-Hochalpenstraße" folgend ab. [Eine Beschreibung unserer Erlebnisse auf der Arlbergpassstraße findet sich in meinem Buch "Alpenüberquerung nach Südfrankreich", dem Band 1 meiner Off Road *Hybrid*-Reihe.] Wir spulen auf der gut ausgebauten Straße durch das Trisanna-Tal Kilometer um Kilometer ab und erreichen den Wintersportort Ischgl. Was für eine Hotelhochburg! Mondäne Hotelklötze prägen das Ortsbild. An vielen Stellen stehen Baukräne und stampfen neue Gebäude für die kommenden Saisonen aus dem Boden. Die Lifttrasse der Silvrettabahn ist gewaltig und zeigt, welche Besuchermassen hier v. a. im Winter transportiert werden wollen.

Wer sich für die Fünf-Länder-Fahrt, anders als wir, mehr als drei Tage Zeit lassen möchte, dem empfiehlt sich ein Schotterstraßenabstecher auf die Fimba Alm südlich von Ischgl.

INSIDERTIPP: Fimba Alm.

"Die beste und schönste Alm des Paznauntales ist die Fimba Alm im Fimbatal auf 2122 m NHN, das sich von Ischgl aus gegen die Schweizer Grenze hinzieht. Sie bildet den hinteren Teil des Tales und besteht aus zwei Teilen, dem österreichischen, der Eigentum der Gemeinde Ischgl ist, und dem schweizerischen.

Letzterer ist der bessere, und die Ischgler sagen nicht umsonst: 'Miar haba d'Sta und as guat Wasser, und d'Schweizer hab d'Wad!' (= Wir haben die Steine und das Wasser, und die Schweizer die gute Weide!)" [Quelle: Dr. Alois Moritz im Gemeindeblatt 32/1948, zit. nach 80 Jahre im Paznaun, Dr. Walter Köck, Landeck 2003, S. 242.] Besonders Besucher der weiter hinten im Tal gelegenen Heidelberger Hütte nutzen dieses Sträßchen, das den Aufstieg zu dieser deutlich verkürzt.

Der Ausgangspunkt des Sträßchens liegt oberhalb der Kirche kurz südlich des Kreisverkehrs im Ortszentrum von Ischgl GPS 07_03 N 47° 00.657' E 10° 17.542'. Es ist einspurig, jedoch asphaltiert. Mit Steigungsmaxima von 16 % leitet es zur Mittelstation "Pardatsch". Eine Talstufe wird überwunden und deutlich flacher geht es weiter bis zum Gasthof "Bodenalpe". Nun weicht die Asphaltdecke einem Naturbelag, der sich bis zur Fimba Alm fortsetzt. Im Bereich der Gampenalm auf 1975 m NHN erreicht die Steigung Maxima von bis zu 20 %. Die Weiterfahrt von der Fimba Alm zur Heidelberger Hütte ist streng verboten.

Achtung! Wichtige Fahrzeitenregelung: Bergwärts darf das Sträßchen nur bis 9 Uhr vormittags genutzt werden, talwärts erst ab 17.00 Uhr. Dazwischen besteht Fahrverbot! Für Schäden durch Weidetiere wird keine Haftung übernommen.

Wir verlassen Ischgl und fahren weiter durch das Trisanna-Tal Richtung Galtür. Uns fallen immer mehr die aufwändigen Stein- und/oder Betonwälle auf, mit denen Häuser, aber auch Strommasten, bergseitig gegen Lawinen geschützt werden sollen. Nicht ohne Grund. Galtür wurde am 23. Februar 1999 Schauplatz einer verheerenden Lawinenkatastrophe. Gegen 16.00 Uhr an diesem Tag löste sich, nach heftigen Schneefällen seit dem 20. Januar 1999, am nördlich von Galtür gelegenen Sonnberg in ca. 2700 m NHN eine 400 m breite Lawine, die in Galtür zahlreiche Häuser zerstörte und 31 Todesopfer forderte. 24 Stunden später ging auf den Nachbarweiler Valzur eine weitere Lawine ab, die ihrerseits 7 Menschen tötete. Das Lawinenunglück war eines der größten in der Geschichte Österreichs und gleichzeitig der Auslöser der größten Evakuierungsaktion mittels Hubschraubern.

INSIDERTIPP: Speicher Kops.

Für einen Ausflug zum Speicher Kops gilt das Selbe wie für den zur Fimba Alm. Wer die Fünf-Länder-Fahrt in nur drei Tage machen möchte, der verzichtet besser darauf, denn die Zeit ist wegen der langen Fahrstrecke sehr knapp bemessen. Anders für Denjenigen, der über mehr Zeit verfügt oder sogar in der Region Urlaub macht.

Der Stausee Kops wurde von 1962 bis 1969 gebaut. Da der Stausee nur wenige Meter unterhalb der Passhöhe des Zeinisjochs liegt, würde er auf natürliche Weise nur von wenigen kleinen Bächen gespeist werden, weshalb man die Kraftwerke nur mit sehr wenig Wasser versorgen könnte. Daher werden mehrere Bäche, die eigentlich in die Trisanna bzw. die Rosanna und letztendlich in die Donau fließen würden, durch Tunnel in den Stausee umgeleitet. Außerdem wird durch einen Tunnel über den Vermuntsee auch Wasser aus dem Silvretta-Stausee in den Stausee Kops geleitet. [Quelle: Wikipedia] Als technische Sehenswürdigkeit gilt die 600 m lange und 122 m hohe Staumauer.

Der Ausgangpunkt der Fahrt hinauf zum Speicher Kops auf 1855 m NHN liegt knapp unterhalb der Mautstelle Ost der Silvretta-Hochalpenstraße etwa 1,5 km südwestlich Wirl GPS 07_04 N 46° 57.317' E 10° 09.173'. Das Sträßchen ist 5,4 km lang, asphaltiert und mit 10 % nur mäßig steil. Der Endpunkt ist ein Großparkplatz am Stausee.

Die Silvretta-Hochalpenstraße, mit ihrem Scheitelpunkt Bielerhöhe http://www.silvretta-bielerhoehe.at/ , ist laut Denzel "eine der interessantesten und landschaftlich abwechslungsreichsten Touristenstraßen Österreichs". Im Vergleich zur Arlberg-Route bedeutet die mautpflichtige (PKW 15 €; 20.00h-08.00h mautfrei; Stand August 2015) Silvretta-Hochalpenstraße nur ca. 30 km Umweg. Die Bielerhöhe auf 2036 m NHN (hier

Großparkplatz) bildet die Wasserscheide zwischen Rhein und Donau. Über dem Silvretta-Stausee bietet sich eine imposante Gipfelschau, der berühmteste darunter ist wohl der 3312 m hohe Piz Buin, den man jedoch nur vom Westufer aus sieht. Der Fußweg über die Staumauer ist empfehlenswert, wer den ganzen See auf Schusters Rappen umrunden will muss etwa zwei Stunden Zeit investieren.

Wir sind aus zwei Gründen geschockt. Der erste ist ein positiver. Schon gleich nach der Mautstelle schlägt die Natur mit einer gewaltigen Bergszenerie zu, die ihresgleichen sucht. Der liebliche Bachlauf der Trisanna, die hier auch Vermuntbach oder Bieltalbach genannt wird, begleitet unsere Bergfahrt. An einer herrlichen Gruppe kleiner Seen spüren Angler dem Schuppenwild nach, Pferde grasen friedlich auf den umgebenden Wiesen. Die 190 Pferde von Le Camion traben genüsslich hinauf zur Bielerhöhe, wo über dem Silvretta-Stausee das ewige Eis des Schattenspitzgletschers schillert. Und dann brach über uns der zweite Schock herein, diesmal ein negativer. Dass wir hier an einem sonnenverwöhnten Tag in der Ferienzeit nicht alleine sein würden, das war uns klar. Aber in keinerlei Art und Weise waren wir auf diese Massen von Besuchern eingestellt. Die beiden Großparkplätze an der Bielerhöhe waren brechend voll. Der Weg über die Staumauer glich dem Treiben an einem Samstagvormittag in der Münchener Fußgängerzone. Aber was sollen wir uns aufregen, sind wir doch selbst ein Teil des Massentourismusphänomens "Alpen".

Ich wende Le Camion. Wir kehren zurück zu den beschaulichen Seen und finden bei GPS 07_05 N 46° 57.317' E 10° 09.173' direkt am Sedlbach einen idyllischen Platz für unser Mittagessen. Mit "Extrawurst" (bei uns heißt die "Kalbfleischwurst"), Bergkäse, Tomaten und einem Gösser-Radler stärken wir uns und lassen beim Kauen die Blicke schweifen. Eine Gruppe von Pferden entscheidet sich über die Silvretta-Hochalpenstraße zu wechseln und tut dies in aller Ruhe. Hektische Motorradfahrer reagieren mit Hupen. Unschön. Der Fahrer des Linienbusses ist entspannter und dieselt gemächlich der kleinen Herde hinterher, bis diese die Straße verlässt und sich dem saftigen Gras daneben widmet. Gespannt folgen wir den eleganten Bewegungen der Fliegenfischer am See. Wird ein Fisch beißen?

Der beginnende Nachmittag mahnt zum Aufbruch. Erneut erreichen wir die Bielerhöhe. Das mittägliche Besucherhoch war zwar etwas abgeflaut, trotzdem hier ist uns viel zu viel los. Le Camion nimmt die Talfahrt ins Montafon unter die Reifen. Wir müssen an einigen durch Ampeln geregelten Baustellen halten. Ein neues Pumpspeicherkraftwerk ist im Bau. Doch die Wartezeiten geben auf der anderen Seite genug Gelegenheit, die wirklich schöne Bergidylle zu betrachten.

Wir erreichen einen weiteren landschaftlichen Höhepunkt nach dem Silvretta-Stausee, den Vermunt-Stausee mit Blick auf die eisbedeckten Gipfel der Litzner-Seehorn-Gruppe mit dem großen Seehorn (3121 m NHN) als dominante Erhebung. Dann beginnt der schönste Abschnitt der Talfahrt. Das bautechnische Charakteristikum der Westrampe ist eine Abfolge von 25 Serpentinen hinab nach Partenen ins Montafon. Le Camion nimmt diese in lockerem, eingespieltem Rhythmus und uns wird ein erster Vorgeschmack zu Teil, was uns morgen kurventechnisch erwarten wird.

Bei den ersten Häusern von Bludenz treffen wir auf die von rechts einmündende Arlbergpass-Route. Wir orientieren uns westwärts Richtung Feldkirch.

INSIDERTIPP: Brandner Tal.

Auch hier gilt, nur wer Zeit hat macht diesen Abstecher von der Hauptroute mit. Er führt den Autotouristen in das Brandner Tal. Wer bergstraßenbegeistert wie wir ist biegt in Stadtmitte Bludenz bei GPS 07_06 N 47° 09.391' E 9° 49.123' von der L 190 nach Süden ein und überquert die Bahnlinie(n). Es finden sich Hinweisschilder auf die L 82 ins Brandner Tal. Zunächst wird kurvenreich Bürsenberg erklommen, die Weiterfahrt nach Süden durch das Sarotlatal bietet grandiose Ausblicke auf die steil aufragende Zimba (2643 m NHN) im Osten, den laut Denzel wohl formschönsten Berg Vorarlbergs und den Mottakopf (2176 m NHN) im Süden. Vor dem Ort Brand (1037 m NHN) passieren wir die Baumgrenze und sehen das Dorf "wie in eine Schale eingebettet, umgeben von Almmatten und bewaldetetn Hängen, dessen gleißender Hintergrund der Brandner Gletscher auf der

Schesaplana-Nordseite bietet". [Quelle: Denzel] Der Großparkplatz an der Talstation der Lünerseebahn [*http://www.luenersee.at/*](http://www.luenersee.at/) *ist der Endpunkt der Bergstraße.*

Kurz hinter (südlich) Feldkirch, wir waren den Wegweisern in die Schweiz bzw. nach "Chur" gefolgt, findet der Grenzübergang nach Liechtenstein statt, das dritte Land nach Bayern und Österreich, das wir heute besuchen. Peinlich genau achte ich darauf, Außerorts nicht schneller als 80 km/h zu fahren, sonst würde es teuer. Wir wollen in Liechtenstein übernachten und suchen nach einem Platz, an dem wir wild Campen können. Gar nicht so leicht, hier im dicht besiedelten Rheintal.

INSIDERTIPP: Übernachtungsplatzsuche – Wildes Campieren.

Fast überall in Europa ist Wildes Campieren grundsätzlich untersagt. Davon ausgenommen ist das Recht auf öffentlichen Parkplätzen "die Fahrtüchtigkeit wieder herzustellen", im Klartext – zu schlafen. Wer jetzt groß den Grill aufbaut und mächtig Campingmöbel und Vorzelt aufbaut, dem werden die Ordnungskräfte nicht abnehmen, dass es nur parkt, um die Fahrtüchtigkeit wieder herzustellen. Also verhält man sich unauffällig. Um Ärger aus dem Weg zu gehen suchen wir uns möglichst Plätze, an denen des Nächtens möglichst keiner vorbei kommt und Anstoß nehmen könnte. Fündig werden wir oft hier:

1. *Auf Wanderparkplätzen im Ortsrandbereich.*
2. *Auf Parkplätzen bei Kirchen oder Kapellen, die außerhalb von Ortschaften auf freiem Feld stehen.*
3. *Am Beginn von für den öffentlichen Verkehr gesperrten Forstsstraßen, wo möglicherweise Abstellplätze vorhanden sind.*
4. *Im Randbereich kleinster Nebenstraßen, die auf Wiesen und Felder oder zu Waldstücken führen.*
5. *Auf Parkplätzen, die zu außerhalb der Ortschaften liegenden Sportplätzen oder Sporteinrichtungen gehören.*

Wenn man Zweifel hat, ob man vor Ort übernachten kann, dann besser weiterfahren. Bei Übernachtung auf allen diesen Plätzen verhält man sich so unauffällig wie möglich, dass man außer der Reifenabdrücke keine Spuren (Müll) hinterlässt ist eine Selbstverständlichkeit.

Für die heutige Übernachtungsplatzsuche erscheint uns die von Vaduz über Triesenberg ins Liechtensteiner Hinterland führende Bergstraße, welche unterhalb der Grenzberge zu Österreich (Vorarlberg) endet, die richtige Wahl. In Vaduz biegen wir bei GPS 07_07 N 47° 09.136' E 9° 30.665' nach links (Osten) in Richtung des Schlosses Vaduz ein, das den Ort überragt. Die Straße führt bei GPS 07_08 N 47° 08.373' E 9° 31.487' direkt an dem schönen Schloss vorbei. Die nun folgende Bergstraße nach Triesenberg ist sehr schmal aber reich an Panoramen hinab ins Rheintal. Es gilt Einbahnstraßenregelung, deshalb darf das Sträßchen nur bergwärts befahren werden. Kurz hinter Triesenberg, schon wieder in der Abfahrt, findet sich im Wald am Rande einer nicht gesperrten Forststraße genug Platz um Le Camion vor unerwünschten Blicken geschützt zu parken. Wir entspannen uns beim Abendessen, beobachten den nach Sonnenuntergang sich verfärbenden Himmel und verkriechen uns kurz nach Einbruch der Dunkelheit, müde von den vielen Eindrücken des Tages, in unsere Schlafsäcke.

INSIDERTIPP: Schmale, steile Silumstraße.

Wer Lust auf ein schmales und sehr steiles (24 %) Sträßchen verspürt, dem sei die Silumstraße zur Talstation des Sesselliftes in Malbun empfohlen. In Ortmitte Triesenberg GPS 07_09 N 47° 07.095' E 9° 32.607' zweigt man nach links (Westen) [Vom Schloss Vaduz über die Bergstraße kommend.] ab und erreicht nach knapp 3,5 km mittels zweier großer Schleifen die unbeschilderte Abzweigung (links) von der Hauptstraße in die Silumstraße, etwa 600 bevor Erstgenannte in einen Tunnel mündet GPS 07_10 N 47° 07.215' E 9°

33.328'. Diesen modernen Tunnel kann man über die alte Silumstraße umfahren. Man überwindet dabei auf der Westrampe sechs, auf der Ostrampe vier enge Kehren ohne Randsicherung. Dazwischen liegt ein hufeisenförmiger, unbeleuchteter Scheiteltunnel, Länge ca. 50 m, dessen Fahrbahn sich ohne Asphaltbelag präsentiert. Nahe Wisli GPS 07_11 N 47° 06.803' E 9° 34.319' mündet die Silumstraße wieder in ihre neue Nachbarin. Die Gesamtlänge der alten Straße beträgt gut 3 km.

Wir schlafen so tief und fest, dass wir am nächsten Morgen erst kurz vor 08.00 Uhr aufwachen. In routinierter Emsigkeit machen wir uns und Le Camion reisebereit. Der erste und mit Spannung erwartete Tagesordnungpunkt ist die Schlappinstraße. Diese nimmt ihren Ausgangspunkt im Talort Klosters auf 1140 m NHN. Wir erreichen Klosters über Landquart, wo wir die bislang eingehaltene Südrichtung zu Gunsten eines Linksschwenks (Richtung Osten) aufgeben. Zwischenzeitlich sind wir auch im vierten Land unserer 5-Länder-Fahrt angekommen, der Schweiz. Genussfahren ist angesagt, auf der ausgezeichnet ausgebauten Straße, die im weiteren Verlauf nach Davos führt, der Ortsname, mit dessen Hilfe wir uns mittels der Beschilderung nach Klosters leiten lassen. Die von uns angesteuerte Schlappinstraße beginnt am Großparkplatz bei GPS 07_12 N 46° 53.045' E 9° 52.620', den man in Ortsmitte nach links (bergwärts) abbiegend unschwer erreicht. Das Sträßchen ist laut Denzel zunächst asphaltiert, danach nur geschottert. Das Interessante ist, dass es in der Diretissima dem Bach durch den Schlappintobel folgt. Denzel triumphiert, dass "Mit einem Steigungsmaxium von 30 % die Straße (...) zu den steilsten, öffentlich befahrbaren und für alle Fahrzeuge offenen Strecken der Schweiz" gehört. Nach der steilsten Straße Südtirols (Siehe Tour 3!) wollen wir auch diese in unser 4x4-Portfolio aufnehmen, doch uns steht eine Enttäuschung bevor, wie sie in den Alpen leider überall und immer häufiger vorkommt. Die Straße ist für den öffentlichen Verkehr gesperrt. Mist. Was letztes Jahr noch zur Befahrung freigegeben war ist dieses Jahr ein für alle Mal gesperrt. Eine Entwicklung, die leider nicht aufzuhalten ist, in Anbetracht der Masse an Alpentouristen zu Fuß, auf dem Mountainbike, auf dem Motorrad oder im 4x4, und in zunehmender Weise auch aus Naturschutz- und aus Haftungsgründen. Zum Trost gibt eine Hinweistafel Auskunft, dass man sich bei der örtlichen Polizeidienststelle eine Fahrgenehmigung holen kann. Aus zeitlichen Gründen müssen wir dieses Mal leider darauf verzichten. So bleibt die Schlappinstraße auch weiterhin auf unserer Agenda. Wenn wir wieder in die Gegend kommen werde ich von Zuhause aus per eMail Kontakt zu der Polizeibehörde in Klosters aufnehmen und die Fahrerlaubnis, wenn die daran geknüpften Konditionen stimmen (Höhe der Gebühren!), vorbestellen.

So bleibt uns nichts anderes übrig als unsere Fünf-Länder-Fahrt unverrichteter Dinge fortzusetzen. Auf ausgezeichneten Straßen ist panoramenreiches Lust-

Cruisen nach Davos und weiter hinab Richtung Thusis im Rheintal angesagt. Hinter der markanten Solisbrücke über die Albula biegen wir nach links (Süden) in die asphaltierte Straße nach Mutten ein GPS 07_13 N 46° 40.750' E 9° 31.773'. Unschwer geht es in großangelegten Serpentinen bergauf. Ein Postbus kommt uns entgegen. Für den sind die Kurven sicher eine große Herausforderung. Das fahrtechnische Juwel dieser Bergstraße ist nicht die Straße selbst sondern der 1312 m lange, gekrümmte und beleuchtete Muttner-Tobel-Tunnel. Kommen größere Fahrzeuge entgegen wird es eng. Wir haben Glück und keinen Gegenverkehr, doch das Gefühl, das sich in dem engen Tunnel breit macht, ist von der mulmigen Art. Schuld daran ist die verhältnismäßig starke Krümmung der Röhre. Nicht nur ich, auch Michaela meinen, langsam hätten wir die 360° schon vollendet und würden in unser eigenes Heck fahren. Doch dann erlöst das sprichwörtliche "Licht am Ende des Tunnels" von den Alben. Wir erreichen das Dorf Mutten, herrlich gelegen auf einem steilen, sonnigen Grashang. Wir bleiben auf der Straße. Deren Fortsetzung nach Obermuttern besteht wie in Denzel beschrieben, aus "einer sandigen Naturfahrbahn mit 16 Kehren und max. 15% Steigung". Diese 16 Kehren auf knapp 4 km sollten es in sich haben. Bereits bei den letzten Häusern im Ortsbereich Mutten, genauer gesagt bei einer kleinen Kirche, macht die jetzt sehr schmale Straße, noch asphaltiert, eine sehr steile S-Kurve um das Gotteshaus und den Friedhof herum. Entgegenkommen darf da nichts, denn ich muss das S mit etwas Schwung nehmen, ansonsten gingen die Drehzahlen trotz 1. Ganges wohl in den Keller. Dann beginnt der Straßenabschnitt mit

Naturbelag. Die Steigung ist erträglich, doch schon in der ersten Links-Serpentine habe ich das Gefühl, nach links aus dem Fenster auf die bergwärtige Fortführung der Straße blickend, Le Camion müsste einen Sprung machen, um dort hinauf zu kommen. In der Tat ist die Kurve sehr steil und dazu noch eng, ich komme gerade so ohne Reversieren durch und kann das Durchdrehen der Hinterräder einigermaßen mit viel Gefühl im Gasfuß kompensieren. Bei diesen Fahrsituationen rächt sich das leichte Heck von Le Camion, das die Hinterräder mit Durchdrehen quittieren. An anderer Stelle betonte ich bereits, dass ein großer Anteil am Fahrerfolg in schwierigem Gelände darauf beruht, sein Auto genau zu kennen. Dazu gehören neben den Stärken selbstverständlich auch die Schwächen. Besonders die Schwächen! Nur wer diese kennt kann rechtzeitig mit geeigneten Maßnahmen gegensteuern. Meine Maßnahme besteht darin, noch vor der nächsten Spitzkehre den Vierradantrieb einzulegen. Und siehe da, ein Durchdrehen bleibt aus. Da ich die Kurven aufgrund ihres engen Radius nur langsam im 1. Gang nehmen kann entscheide ich mich auch die Untersetzung einzulegen, denn ich habe gerne immer noch "einen Gang nach unten" zu Verfügung. In 4x4 Low schrauben wir uns zu immer weitreichenderen Panoramen und erreichen schließlich den Endpunkt der wundervollen Auffahrt in der uralten Holzhaussiedlung Obermutten GPS 07_14 N 46° 40.360' E 9° 29.041'. Wenn hier Heidi und der Geißenpeter herum sprängen, es würde mich nicht verwundern. Alles sieht aus wie in einer Disney-Atrappe der Schweiz. Ich lasse dem Motor noch etwas Zeit für die Kühlung, bevor ich ihn abstelle. Auch wenn das Kühlwasserthermometer Normalwerte signalisiert, durch die langsame Bergfahrt bei den hochsommerlichen Temperaturen tut ein wenig Cool down besonders dem Turbolader wohl. Dann nehmen wir uns Zeit für ein paar Schritte durch die alten Blockhäuser und genießen das Rundumpanorama.

Die Fahreinlage nach Obermutten lässt vergessen, dass wir am Vormittag an der Schlappinstraße unverrichteter Dinge abziehen mussten. Auf der Abfahrt nehme ich die Untersetzung und den Vierradantrieb heraus. Das Sträßchen ist nicht so steil, als dass ich die Unterstützung der Motorbremse groß brauchen würde. Mit dem 1. oder 2. Gang Straßenübersetzung ist das Getriebe von Le Camion richtig eingestellt. Jetzt kann ich auch auf die Traktionshilfe des 4x4 verzichten und so fahren wir ohne Ächzen im Antriebsstrang materialschonend zu Tal. Hinter der Solisbrücke geht es nach links (Westen), bald ist Thusis erreicht und damit der Einstieg zur Auffahrt zum San Bernadino-Tunnel (6,6 km Länge), dem ersten innerschweizerischen Straßentunnel zur Überwindung des Alpenhauptkammes. Heute ist die Strecke neben dem St. Gotthard die meistbefahrene Alpenüberquerende der Schweiz. Doch weder der Tunnel noch der San Bernardino-Pass stehen heute auf dem Programm. Kehren wir zurück nach Thusis. Dort, gleich am südlichen Ortsrand, verengt sich das Hinterrheintal zu einer grandiosen Schlucht. Partnachklamm Garmisch-Partenkirchen hoch 10, meint Michaela. Recht hat sie. Wir halten uns nicht an die moderne, von großer Ingenieurskunst Zeugnis ablegende Schnellstraße, sondern nutzen die alte Trasse, die weitgehend dem Verlauf des Hinterrheins folgt. Hier ist kaum Verkehr.

Nur ein paar ambitionierte Zweiradfahrer, mit oder ohne Motor, sind unsere Nachbarn. Wir durchfahren die "Via Mala"-Schlucht, Schauplatz von John Knittels (1934) gleichnamigem Roman, in dem von den Protagonisten mehrmals ein "schlechter (Lebens-)Weg" eingeschlagen wird. Wir bleiben auf dem rechten Weg und nutzen die wenigen Haltemöglichkeiten zu Tiefblicken in die Schlucht. Weitere Infos unter http://www.viamala.ch/sommer.html .

Oberhalb der Via Mala-Schlucht weitet sich das Tal. Nach der Überquerung des Averser Rheines schrauben wir uns bei GPS 07_15 N 46° 34.928' E 9° 25.381' nach rechts abbiegend hinauf zum Sufner See. Unsere alte Straße verläuft hier genau neben der moderen Schnellstraße. Doch nur kurz ist das Nebeneinander, denn in Splügen biegen wir nach links (Süden) GPS 07_16 N 46° 33.167' E 9° 19.399' von der San Bernardino-Route ab. Der Splügenpass ist deutlich ausgeschildert.

INFO: Achtung Vignettenpflicht!

Die Schnellstraße durch die Via Mala-Schlucht (A 13) und damit auch die Fortsetzung mit dem San Bernardino-Tunnel unterliegen der Vignettenpflicht! Die von uns benutzte alte Straße ist dagegen mautfrei befahrbar. Um die Maut zu sparen folgt man den BLAUEN Straßenschildern und meidet die GRÜNEN, die Mautpflicht signalisieren.

Gespannt gehen wir das alpine Fahrschmankerl an. Zunächst beginnt alles ganz harmlos. In fünf bequemen Serpentinen erreichen wir das Hochtal des Häusernbaches. Im steil ansteigenden Talschluss lässt sich bereits die Passhöhe auf einem Sattel ausmachen. 14 dicht übereinander liegende Serpentinen lassen uns diese erklimmen. Die Aussicht, v. a. für den Beifahrer, auf die Straßenwindungen ist grandios. Der Fahrzeuglenker hat alle Hände (und Füße) voll zu tun. Auch wenn die Straße schmal ist und weit vorausschauendes Fahren unabdingbar macht, Stress kommt keiner auf. Es herrscht auch hier fast nur Zweiradverkehr. Die Radler und Biker, die uns entgegenkommen, fahren defensiv, was man nicht immer von diesen Verkehrsteilnehmern behaupten kann.

Der Splügenpass (2113 m NHN) ist die kürzeste Verbindung zwischen Bodensee und Comer See. Schon die Römer nutzten diesen Alpenübergang und auch im Mittelalter fand reger Handel von Nord nach Süd und umgekehrt statt. Erst die Erschließung von Brennerpass und Gotthardpass u. a. durch die Eisenbahn ließ den Splügenpass an verkehrstechnischer Bedeutung verlieren. Heute ist er v. a. eine Touristenstraße. Im Juli und August ist der Splügenpass zwischen Mitternacht und 05.00 h gesperrt, das übrige Jahr dauert die Nachtsperre von 22.00 h bis 06.00 h.

Am Splügenpass selbst findet der Grenzübergang von der Schweiz nach Italien statt. Wir passieren zum zweiten Mal auf dieser Reise eine EU-Außengrenze und berühren das fünfte Land unserer 5-Länder-Fahrt. Bella Italia. Eine Kontrolle gibt es keine, das Grenzerhäuschen ist unbesetzt.

Die Südrampe ist laut Denzel die Interessantere. Und wir müssen dem Papst der Alpenstraßen absolut zustimmen. Diese Südrampe ist nicht nur einen Umweg auf einer Urlaubsfahrt wert, sie ist eine eigene Urlaubsfahrt wert! 49 Kehren gilt es zu durchlenken, acht Tunnels und elf Galerien zu durchfahren. Das Ganze auf nur 30 km Strecke und bei einem zu überwindenden Höhenunterschied von sagenhaften 1800 Metern!

Landschaftlich sehr abwechslungsreich gestaltet sich unsere Abfahrt. Nach der Passhöhe (2113 m NHN) geht es mäßig steil hinab zu der losen Häusergruppe "Montespluga" (1908 m NHN). Ein ebener Streckenabschnitt führt uns am Ostufer des aufgestauten "Lago di Monte Spluga" entlang. Dieser hat aktuell wenig Wasser, sodass weite Teile des Seegrunds wie eine Mondlandschaft ihren kiesigen Charme versprühen, umrundet von saftigen grünen Wiesen, auf denen Pferde und einzelne Esel grasen.

Den aufregendsten Streckenabschnitt der Südrampe erreichen wir nach der Durchfahrung des Ortes Pianazzo. Ich bin sehr gespannt wie sich der lange Le Camion in den engen Tunnels und Spitzkehren schlagen wird. Die Straße ist zwischen Pianazzo (1386 m NHN) und Campodolcino (1066 m NHN) nämlich in einem Steilhang angelegt. Diese Straßenführung erinnert an das legendäre Stilfser-Joch [Eine

Beschreibung unserer Erlebnisse auf dem Stilfser Joch findet sich in meinem Buch: "Italienische 4x4-Alpenrunde.", dem Band 2 meiner **Off Road *Hybrid*-**Reihe.]. Einspurige Tunnels bilden die Nadelöhre. An ihren Flanken messen sie nur 2,30 m Höhe, im Scheitel 3,50 m. Höhere Fahrzeuge können auf die gut ausgebaute Straße SP 1 westlich über Isola ausweichen.

Wir haben den Eindruck in eine senkrechte Felswand einzufahren. Enge Tunnels wechseln sich mit Galerien ab. Dann kommt die erste Spitzkehre. "Mann ist das eng!" bricht es aus mir heraus und mit höchster Konzentration lenke ich den langen Schwarzen durch das Hindernis. Wenn die Spitzkehre nur einen Tick spitzer gewesen wäre, hätte ich reversieren müssen. So achte ich bei der Einfahrt in die nächste Spitzkehre peinlich genau darauf, jeden Zentimeter auszunutzen. Fast berührt der Seitenspiegel die Felswand. Ich vergewissere mich, dass kein Gegenverkehr kommt und zirkle einen engen Radius durch die Kehre. Diese kaum durchfahren folgt schon die nächste. Zeit, die Landschaft und die Architektur der Straße zu bestaunen, bleibt nur dem Beifahrer, Haltemöglichkeiten zum Fotographieren gibt es keine.

Die engen Tunnels bilden keine Hindernisse für Le Camion, also kann ich mich vollkommen auf die Spitzkehren konzentrieren. Im Rückspiegel sehe ich einen Volvo, dem meine Geschwindigkeit wohl zu gering ist. Durch nahes Auffahren meint er mich drängeln zu können. Ein weiteres Auto hinter ihm tut es ihm gleich und fährt entsprechend eng auf den Volvo auf. Und dann passiert es. Auf den ersten Blick ist mir klar, dass ich die vor mir liegende Spitzkehre nicht in einem Zug fahren könne. Ich taste mich am äußersten linken Fahrbahnrand in die nach rechts leitende Engstelle. Dann wirble ich das Lenkrad auf Maximalanschlag nach rechts herum. Fast kommt Le Camion durch, doch es fehlen die berühmten wenigen Zentimeter. Rückwärtsgang, Lenkrad voll nach links und ... nix geht. Hinter mir blockiert der Volvo die Straße, vom Beifahrerfenster aus kann Michaela sehen, dass dieser seinerseits von dem ihm nachfolgenden Auto eingeklemmt ist. "Vollidioten!" schimpfe ich. Und während meine beiden Hintermänner mühsam versuchen ihrerseits zurückzustoßen, kommen von unten drei Motorradfahrer. Zwei erkennen die Situation und bleiben rechtzeitig vor der Spitzkehre stehen. Der Dritte, ein Depp, anders kann man das nicht sagen, muss sich an Le Camion vorbeiquetschen und kollidiert dabei nahezu mit dem Volvo hinter mir, den er scheinbar übersah. "Der hat seinen Schock weg", meint Michaela "und hoffentlich 'was gelernt", ergänze ich. Langsam löst sich der Knoten. Meine beiden Hintermänner haben es nun geschafft so weit zurückzustoßen, dass Le Camion reversieren kann. Beim zweiten Anlauf passiere ich die Kurve jetzt mühelos.

Weiter geht die gewundene Abfahrt. Ein Blick in den Rückspiegel zeigt, dass Volvofahrer und Co. Wohl auch etwas gelernt haben und halten nun brav Abstand zu Le Camions Heckstoßstange. Leider viel zu schnell ist der atemberaubende Straßenabschnitt in Campodolcino zu Ende. Doch noch weitere knapp 15 km sind bis

Chiavenna abzufahren. Auffällig und bedrückend ist die Tatsache, dass wir durch mehrere große Felssturzgebiete fahren. Teilweise liegen hausgroße Felsbrocken neben der Straße, ganze Siedlungen wurden furchtlos in das Gelände gebaut, die Riesenblöcke dabei kunstvoll in den Hausbau mit integriert. So wird die Rückwand einer an der Straße stehenden Garage beispielsweise durch einen mindestens 4 m hohen Felsbrocken gebildet, ein weiterer bietet den Unterbau einer Außentreppe, um andere wurde einfach herum gebaut. Michaela und ich sind uns einig. Wohnen wollen wir hier nicht, unter dem felsigen Schwert des Damokles.

Wir erreichen die Kleinstadt Chiavenna. Was für krasser Gegensatz: Nach den Gletscherpanoramen in der Schweiz gedeihen hier Palmen. Es ist Zeit eine Fahrpause einzulegen. Wir nutzen diese um in einem Supermarkt unsere Vorräte mit frischen Lebensmitteln zu ergänzen. Dann, es ist bereits später Nachmittag, steht als letzter Tagesordnungspunkt der Malojapass und damit eine Rückkehr in die Schweiz auf dem Programm.

Der Malojapass (1815 m NHN) verbindet das Engadin mit der Region Comer See. Denzel beschreibt den Pass passend mit "landschaftlichen Vorzügen" auf der einen und einem "topographischen Kuriosum" auf der anderen Seite, denn der Pass verfügt über nur eine Rampe! Im Westen sind von Chiavenna zur Passhöhe beachtliche 1500 Höhenmeter zu überwinden, nach Nordosten schließt sich die von den Gletschern der Eiszeit überformte Seenplatte des Oberengadins an.

Quasi ein "Flachland", denn das Gefälle ist minimal. Zuoz, 30 km von der Wasserscheide der Passhöhe entfernt, liegt nur 100 Höhenmeter tiefer!

Dicht ist der Verkehr, als wir Chiavenna nach Osten verlassen. Mit beständiger Steigung geht es bergauf. Fahrtechnisch stellen sich uns keine Herausforderungen. Der schönste Teil des Malojapasses ist meiner Meinung nach sein Schlussanstieg. Hier stapeln sich 13 Kehren übereinander. An dieser Stelle hat auch der dichte Verkehr sein Gutes, denn in der Anfahrt zum Schlussanstieg sehen wir die Autokarawane im Zick-Zack den Steilhang erklimmen bzw. abfahren. Ein surreales, wegen seiner Dynamik sehr bewegtes Bild. Nach den vielen Kehren der letzten zwei Tage nehmen wir die 13 hinauf zur Passhöhe wie im Schlaf. Für den erfahrenen Bergfahrer ist auch der Schlussanstieg des Passes fahrtechnisch nur eine kleine Herausforderung. So stehen wir schnell an der Passhöhe. Menschen und Autos überall. Ein Großparkplatz bricht aus allen Nähten. Bei einem Restaurant wird auf der Terrasse gegrillt. Kein Platz an den vielen Tischen ist unbesetzt. Es herrscht eine Mischung aus Volksfest und Massenauflauf. Schnell weg ist unsere Devise.

Sehr flach präsentiert sich die Abfahrt im Oberengadin. Malerisch sind die verschiedenen Seen, die wie Perlen auf einer Schnur hintereinander liegen. Den inzwischen sehr starken Wind nützen zahlreiche (Kite-)Surver. Ferientrubel überall. So auch in Sankt Moritz, das wir 17 km hinter der Passhöhe erreichen. St. Moritz http://www.stmoritz.ch/ ist einer der bekanntesten

Ferienorte der Welt. Seinen Reiz verdankt es einerseits der bereits erwähnten Seenkette im Talgrund und den teilweise vergletscherten Gipfeln in den Höhenlagen. Für uns ist auf diesem teuren und überlaufenen Pflaster kein Platz, so verlassen wir schnell den Ort und begeben uns auf Übernachtungsplatzsuche. Einen solchen finden wir überraschend schnell in dem teilweise engen Tal. Wir biegen in einen landwirtschafltichen Schotterweg, den ausnahmsweise einmal kein Durchfahrtverboten-Schild ziert, von der Hauptstraße ab. Der Feldweg führt uns etwas die Talflanke empor. Wir finden eine kleine, ebene Parkmöglichkeit am Wegesrand. 200 Höhenmeter unter uns hört man den Verkehr auf der Hauptstraße, in unserer unmittelbaren Umgebung nur die Geräusche der Natur. Uns verbleiben zwei Stunden Tageslicht. Nach dem Einkauf in Chiavenna steht heute "Italienisch" auf dem Speiseplan. Mit vollem Magen kommt nun auch die Müdigkeit nach der langen Fahrt des heutigen Tages. Auch ein nächtlicher Regenguss kann uns den Schlaf nicht rauben. Im Gegenteil. Das Geprassel der Regentropfen auf dem Hardtop wirkt extrem entspannend und einschläfernd.

Der Morgen weckt uns mit einem wolkenlosen, dank des Regens in der Nacht kristallklaren Himmel. Die höchsten Berggipfel sind rötlich von der aufgehenden Sonne angestrahlt. Heute steht nur die Heimfahrt auf dem Programm. So cruisen wir entspannt in den jungen Tag durch das Engadin. Le Camions Tank ist fast leer, idealer Weise befinden wir uns "zufällig" an der Abzweigung in die Zollfreiregion Samnaun, wo der Tank für nur 0,94 €/l Diesel bis an die Oberkante gefüllt wird. (*INFO: Samnaun* siehe Tour 6!)

Am mittleren Nachmittag erreichen wir unseren Heimatort Garmisch-Partenkirchen. Nachdem wir in Landeck, hier schloss sich auch der Kreis unserer Pässefahrt, mittaggegessen hatten ging es über die B 171 auf bekanntem Weg über den Fernpass nach Hause. Viel hatten wir in diesen zweieinhalb Tagen gesehen, weit waren wir gefahren. Gerundet 800 km. Was sich besonders tief in die Gehirnwindung eingrub waren die grandiose Landschaft der Silvretta, die tolle Auffahrt über die Sandpiste nach Obermutten, die Wahnsinnsabfahrt auf der südlichen Splügenpassrampe und der Schlussanstieg auf die Maloja-Passhöhe. Wie so oft nach der Rückkehr und dem Sortieren der Erfahrungen und Erkenntnisse ergeben sich neue Projekte. So wollen wir nochmal nach Ischgl und zur Fimba Alm hochfahren. Auch den steilen Bergssträßchen im Hinterland von Liechtenstein planen wir einen Besuch abzustatten, am besten in Kombination mit dem "Knacken" der Schlappinstraße. Die sechs Wochen Sommerferien haben gerade erst begonnen. Nach dieser 5-Länder-Fahrt, die als Aufwärmrunde gedacht war, geht es zu Beginn der kommenden Woche für zwei bis drei Wochen auf Recherchetour in die Nordalpen (Off Road *Hybrid* Band 2: Italienische 4x4-Alpenrunde.). Le Camion ist allzeit bereit.

Nachwort

Garmisch-Partenkirchen, Sonntagabend nach einer 4x4-Wochenendtour. Morgen steht wieder der Dienst auf dem Programm, der die letzten beiden Tage ganz, ganz weit aus den Gedanken gedrängt worden war, genauso wie die vielen kleinen Alltagssorgen, die sonst an den Nerven nagen. Und genau das ist für uns das Schöne an den Wochenendtouren, die einem Kurzurlaub für die Seele gleichkommen. Wie oft haben Michaela und ich feststellen dürfen, dass wir Luftlinie keine 50 Kilometer von Zuhause weg und trotzdem in einer völlig anderen Welt waren: andere Berge, ein anderer Baustil, anderes Essen, ja sogar andere Gerüche. All das verdrängt den Alltag und lässt Herz und Geist aufatmen. Wochenendtouren - eine Zweitagesflucht in eine bessere Welt. Für uns immer wieder ein wertvolles Intermezzo.

Du hast uns nun auf sieben 4x4-Wochenendtouren begleitet. Michaela und ich hoffen, dass Du, egal ob virtuell oder in vivo mitgereist, ebenfalls eine Auszeit vom Alltag genießen und auf diese Weise Deine Lebensqualität steigern konntest. Sollte dies mit meinem Buch gelungen sein, hätte es seinen Zweck mehr als erfüllt.

Michaela und ich wünschen eine allzeit "Gute Fahrt!", tolle Off Road-Erlebnisse, stets eine gesunde und pannenfreie Rückkehr und stets eine Handbreit Luft unter dem Diff.

Andreas P. Kaiser, im September 2015.

P.S.: Geschmack an Off Road in den Alpen gefunden? Dann seien Dir auch die ersten beiden Bücher der **Off Road *Hybrid***-Reihe ins Handschuhfach gelegt (Band 1: Alpenüberquerung nach Südfrankreich. und Band 2: Italienische 4x4-Alpenrunde.).

Informationen über Neuerscheinungen und Neuauflagen findest Du auf unserer Homepage

www.kaiser-geotrekking.de

oder im Blog

https://toujoursentour.blogspot.com .

Quellenangaben und weiterführende Literatur:

Die Planung der Reise erfolgte mit Hilfe des Denzel Alpenstraßenführers (http://www.denzel-verlag.de) , mögliche Bezugsquelle http://www.amazon.de/Gro%C3%9Fer-Alpenstra%C3%9Fenf%C3%BChrer-Ausgabe-Gebirgsstrecken-Zweiradfahrer/dp/385047772X/ref=sr_1_1?s=books&ie=UTF8&qid=1426607856&sr=1-1&keywords=denzel+alpenstra%C3%9Fenf%C3%BChrer , aus dem auch einige Daten in die Passbeschreibungen übernommen wurden. Dieser "Große Alpenstraßenführer" beschreibt äußerst genau eine Vielzahl von Alpenpässen und gehört ins Handschuhfach jedes Alpenstraßenfreundes. Ebenso flossen Informationen aus Wikipedia in die Pass- und Ortsbeschreibungen mit ein. Als Kartengrundlage dienten digitale Karten von OSM (Open Street Map) und der Atlante stradale d'Italia. Nord 1 : 200.000 (Touring Club Italiano).

Buchempfehlungen

Navigation mit Smartphone & Co; Pietsch Verlage

Glücksformel Wandern - Wie Schritt für Schritt gute Gefühle entstehen; Pietsch Verlage

Survival-Roman Band 1: **Alpen - Amor - Abenteuer**

Printed in Germany
by Amazon Distribution
GmbH, Leipzig

25460339R00108